JN409358

지느러미의 여유

지느러미의 여유

박숙자 수필

수필과비평사

| 책을 내며

갓 버무려 낸 겉절이도 맛있지만, 오랫동안 깊은 장독에서 익은 묵은지도 감칠맛이 있습니다. 언제 먹어도 물리지 않는 묵은지 같은 글을 쓰고 싶었습니다. 약속 없이 오다가다 만나도 마음이 편한 친구 같은 글을 쓰고 싶었습니다. 멋 부리지 못하고, 꾸밈에 서툴러서 조금은 촌스럽지만 만나면 진솔하게 속정을 나누는 그런 글, 그런 친구가 되고 싶습니다.

웃음과 눈물이 있어 지난 세월을 잘 보낼 수 있었습니다. 기분 좋은 일에는 크게 웃었고, 힘이 들고 어려울 때는 눈물이 있어 견딜 수 있었습니다. 돌이켜보니 그래도 기쁘고 좋은 날이 많았습니다. 고맙고 고맙습니다.

"단맛이라 생각하면 그 어떤 쓴맛도 덜 쓰고, 쓴맛이라 생각하면 조금 쓴맛조차 더 쓰게 느껴진다."는 말이 저는 참 좋습니다.

정오를 넘긴 해지만 노을까지는 시간이 꽤 남아 있다고 봅니다. 붉어서 아름다운 저녁 놀을 꿈꾸며 남은 시간을 아끼렵니다.

부족함에 많이 망설였지만 제 어깨를 두드려준 가족의 힘을 믿고 모아진 글들을 정리해보는 용기를 냈습니다. 감사합니다.

2017년 11월에 박숙자

| 차례

1부

2부

3부

4부

5부

1부

아지트 밭에는 오늘도 내 손길을 기다리는 잡초와 돌멩이가 뒹군다. 더러 뽑기도 하고 주워내지만 그냥 놔두기도 한다. 괜찮다. 이미 그들은 내 친구임을 자처하고 있으니까.

꽃이 온다, 봄이 핀다

고리산의 등성이가 내려와 잠시 숨을 고르는 곳, 아기 치마를 펼치면 이만 할까. 텃밭이라기에는 조금 넓고 작물을 심어 용돈이라도 마련하기에는 좁고, 게다가 노동력이 따라주니 않으니 천상 잡초가 친구되어 함께 지낼 수밖에 없는 마음의 밭, 내 아지트다. 이곳에 마음의 밭을 만든 것도 벌써 십여 년이 되었다. 바위가 불쑥불쑥 솟구쳐 풍광이 근사한 고리산은 사람들의 사랑을 많이 받는데 등산로가 둥그런 지형을 따라 반대쪽에 나 있어 내 밭 앞으로는 사람의 발길이 뜸한 편이다.

항상 내 방, 나만의 비밀 아지트를 원했다. 대외활동이나 공개석상에 나설 일이 없는 주부의 삶이지만 엄마의 자궁 속처럼 아늑하고, 아무것도 하지 않고 시간을 보내도 불안하지 않은 그런 공간을 갖고 싶었다.

인연이 닿았는지, 한 마지기쯤 될까, 부드러운 선을 경계로 한 묵은밭을 구입하게 되었는데 도시의 구획된 직선보다 틈을 보이는 곡선의 유연함이 맘에 들었다. 자갈이 많아서 농사는 엄두도 못 내고, 사슴 몇 마리 키웠다는 전 주인은 연로하신 이곳 마을 분이다. 자신의 땅을 마음에 들어 하는 내게 밭 주위에 어린 벚나무를 심었으니 새 주인처럼 곧 화사하게 필 거라는 덕담을 해주셔서 고마운 웃음으로 답례를 했다.

오랜 세월 동안 흘러내린 자갈과 토사는 사람의 손길을 기다렸는지, 주워내도 끝을 보이지 않는다. 배수로를 겸한 돌담을 쌓고도 남아, 지금도 가끔 돌멩이를 줍는다. 그래도 싫지 않은 것은 이곳의 맑은 공기와 산새소리, 장끼의 '후투투'거리며 나는 소리, 가끔씩 외로움을 호소하는 고라니의 울음소리에 젖다 보면 몸은 피곤할지라도 마음은 가볍다. 돌을 골라내고 새 흙을 채우고 풀을 뽑고 어린 나무를 심고 몇 그루는 실패도 하면서, 사슴이 단단하게 다져 놓은 땅에 꽃을 피워내는 작업은 마치 하루하루를 다듬고 매만지며 살고 있는 우리의 일상과 다르지 않다.

산속이라 도심보다 기온이 낮다. 이른 봄이니 사월쯤인가. 어설픈 햇살이 수줍게 아른거린다. 묵은 가지를 쳐내야겠다는 남편의 말소리와 도구를 챙기는 소리가 멀리서 들린다. '그래 백지장도 맞들면 낫다는데 나가서 거들어야지.' 생각은 날개를 달고 방문을 나서는데 선뜻 나가지 못하고 따끈한 방바닥에 몸을 눕힌다. 노곤함이 몸을 감싼다. 농막 안으로 싸한 공기가 들어왔지만 나는 까무룩히 잠에 빠져들었다. 세상에, 이처럼 기분 좋은 편안함과 아늑한 품에 빨려 들다니. 아주 잠깐 사이 눈을 붙였고, 그 잠결에 형언할 수 없는 행복감을 맛보았다. 이성간의 사랑처럼 절절하지도 않고, 무엇에 홀린 듯 강렬한 짜릿함도 없었다. 달달한 감미로움이 온몸을 훑는다. 그것은 달빛같이 은은했고 한없이 평화로웠다. 태어나서 처음 맛본, 감히 천국의 맛이 이런 걸까. 느낌은 짧았지만 감동은 길었다. 가끔 그날의 그 순간이 그리워, 잠을 청해보지만….

올 가을에 국화꽃 몇 포기를 이식했다. 할머니 생일이라고 꽃을 들고 온 손주들의 마음을 새기는 것은 밭에 심어 오래 보는 것으로 대신하리라. 국화는 봄에 꺾꽂이나 뿌리내리기를 해야 한다는데, 녀석들의 마음이 고마워 일단 심었다.

산속의 청정함은 새롭고 무한한 힘을 준다. 가끔 내 글 속에 나오는 밭 이야기는 이곳을 말한다. 봄이 와서 꽃이 피는 것이 아니라 꽃이 피어나야 봄이 온다는 말처럼 이 밭에서 목련의 꽃망울을 보며 봄을 느낀다. 이어 으름나무순이 올라오고 묵은 감나무도 느지막이 꽃을 피운다. 도라지, 구절초, 목단꽃도 때가 되면 꽃을 피우고, 키가 큰 모과나무는 올해도 풍성하게 노란 열매를 맺었다. 더러 먼저 떨어진 것도 있지만 줍지 않으리라. 너도 편하고 나도 편하게.

겨울밤에는 사각거리며 내리는 눈 소리에 귀 기울이고, 비가 많이 내리는 여름철에는 골짜기를 타고 흘러내리는 빗소리 물소리로 잠을 쉬 이루지 못하는데 그런 밤에는 글을 쓰기도 한다. 가슴을 먹먹하게 채우는 덩어리를 풀어내는 일이 쉽지 않지만 엉킨 실타래를 푸는 일처럼 차분하게 생각을 정리한다. 내 마음 따라 녹기도 하고 굳기도 하지만 대체로 잘 녹여서 쌓인 앙금은 별로 없다.

아지트 밭에는 오늘도 내 손길을 기다리는 잡초와 돌멩이가 뒹군다. 더러 뽑기도 하고 주워내지만 그냥 놔두기도 한다. 괜찮다. 이미 그들은 내 친구임을 자처하고 있으니까. 짝사랑에 길들여진 나는 게으름을 즐기지만 아주 가끔 호미를 들고 그들을 겁주기도 한다.

아마추어 마라토너

노총각 아들을 장가보낸 K가 자축의 자리를 마련한다. 식사 끝에 자연스레 은퇴이야기로 이어졌다. 고령화 시대라고 하면서도 은퇴 시기는 더 빨라졌다. 젊은이에게 자리를 비워주는 것이 세대교체요, 사회의 현상이다. 그럼에도 불구하고 젊은이들은 여전히 구직난으로 고달프다니 안쓰럽다.

남편이 은퇴를 했다. 세월의 초대장이다.

'남편이 은퇴를 한다면…. 자영업을 하는 남편으로서는 쉽지 않은 과정이고 결단이겠지만 그래도 분명 은퇴의 시기는 올 것이다. 그렇다면, 은퇴를 유쾌하게 받아들이고 싶다. 열심히 일한 농부가 가을걷이를 끝내고 들녘을 바라보는 넉넉한 마음, 그런 마음으로 은퇴를 맞이하고 싶다.'

이런 마음준비를 했음에도, 기실 변화가 두려운지 주어진 생활의 여유가 낯설다. 가장의 시간표에 맞춰 움직인 일상의 흐름이 무장해제 되니 마치 돌던 팽이가 멈춘 듯 중심을 잡기가 어렵다. 그러나 일할 때를 결정했듯이 물러날 때도 남편의 결단이 중요했다. 항상 최선을 다하는 모습이었기에 나 역시 그의 결정에 동의를 표했고 존중했다.

직업은 우리의 의식주와 직결된 천직이다. 남편이 전공분야에서 일할 수 있었던 것은 은총이다. 직업의 특성상 물질과 인술 사이에서 번민할 때도 있었고, 자신의 한계를 극복하려 밤을 지새운 적도 많았다. 세상이 하루가 다르게 변하는 것을 주부인 나도 느끼는데, 밖에서 일하는 가장들은 그 절실함이 얼마나 크고 넓을까. 가까이서 오랜 시간 지켜보며 아름다운 마무리란 의미를 되새겨본다.

되돌아보면 참으로 많은 일들을 겪었다. 그래도 아쉬움보다는 보람이 컸다는 쪽으로 점수를 준다. 병역과 납세의무를 준수했고, 자녀들을 성혼시키고 손주도 보았다. 세월 속에 녹아 있는 사연들이 어찌 한 남자만의 것이랴. 우리 부부는 같이 웃고 함께 눈물을 흘렸다. 삶의 조각들이 익숙함과 낯섦으로 포개진다. 씨줄과 날줄로 얽힌 촘촘한 기억들을 상자 속에 담는다.

얼마 전에 읽은 신문기사인데, 흥미롭다.

〈SNS를 달구는 중산층 별곡〉이다. 옮겨 보면 '부채 없는 아파트에 500만 원 이상의 수입에 자동차는 중형차, 잔고 1억 원 이상, 해외여행을 1년에 한 차례 이상 다닐 것'이 한국의 중산층을 가늠하는 가이드라인이란다. 물론 객관적인 연구결과는 아니다. 어느 사회학자는 "이 글이 인기를 끄는 것은 경제가 어려워 중산층이라고 생각하는 사람들이 줄어들면서 그만큼 경제에 대한 관심이 커진 현실을 반영한 것"이란다.

유럽의 기준은 '페어플레이 정신과 스포츠, 음악을 즐기고, 약자를 돕고 봉사활동을 하며 더불어 사회정의에 공분할 것' 등으로 나열했다. 의식주가 풍부한 선진국이라 그런가. 사회보장제도가 안정되어서 정신적인 면을 강조하고 있는 걸까. 꼭 그런 것만은 아닐 거다. 그곳에도 빈곤한 사람은 많다. 선진사회를 유지하는 그들의 의식수준을 먼저 대변한 것이라 생각된다. 그들은 정의와 열정, 그리고 사회공익 부분에 중점을 두는데 우린 주로 경제적으로 중산층을 구분하는 듯해서 좀 부끄럽고 씁쓸하다. 아마 정신적인 면도 있겠지.

조선시대에도 중산층 기준이 있었다. '두어 칸 집에 두어 이랑 전답, 솜옷과 베옷이 두어 벌, 서적 한 시렁, 거문고 한 벌, 햇볕 쬘 마루 하나, 차 달일 화로 하나, 늙은 몸 부축할 지팡이 하나, 봄 경치 찾아다닐 나귀 한 마리. 그리고 의리를 지키고 도의를 어기지 않으며 나라의 어려운 일에 바른말 하고 사는 것'을 포함했단다.

선조들의 슬기가 멋지고 놀랍다. 필요한 것과, 해야 할 것을 어찌 그리 명확하게 구분 지었는지. 우린 해야 할 것은 잊고 필요한 것만 챙기는 반쪽 삶을 살고 있지나 않은지 부끄러운 자화상을 본다.

기사를 읽으며 주판알을 튀긴다. 모든 것을 담담하게 받아들일 수 있는 삶의 지혜와 따뜻한 가슴이 필요한데, 어디쯤에 좌표를 찍고 있는지. 이 틈에 나의 중산층 별곡을 만들어 본다.

신앙생활의 실천, 신문을 꼼꼼히 읽기, 음식을 절제하기, 물건에 집착하지 않기, 한 정거장 거리는 걷기, 기왕에 하던 운동의 스코어를 줄여보기, 조급증 내지 않기, 하루의 계획에 충실하기 등등. 생각보다 가짓수가 많다. 그러고 보니 또 있다. 은퇴한 남편에게 짐 지우지 않는 것. 추수는 남편이 했지만 갈무리는 내 몫이다. 잠언에도 있지 않은가. 온갖 사치로 흥청거리지 마라, 그 비용으로 궁핍해질까 두렵다. 노후를 스스로 해결해야 하는 우리 세대이다. 유념할 부분이다.

오래된 산은 아름답다. 무엇이든지 일찌감치 준비해서 서서히 익혀야 하는 것이 세상일이라고 한다. 삶의 패턴이 바뀌고 새로운 일상이 시작됐다. 노년의 출발점에 선 아마추어 마라토너지만 페이스를 잃지 않는 절제력이 필요하다. 덤이라고 하지만 아직은 뛰어야 할 구간이 많기에. 그래도 딱 하나 욕심을 추가해본다. 풍부한 물질보다 풍요로운 정서를 맘껏 누리고픈 마음, 과한가.

엇박자

지킬 수 없는 약속임에도 시작만큼은 다부졌다. 산행을 하루도 거르지 않겠다는 각오를. 칠월의 막바지 더위는 산속도 별 수가 없는지 햇빛은 눈부시고 바람결마저 신통치가 않다. 슈퍼에서 만난 동네반장은 이 더위에 산을 어떻게 오르냐며 고개를 내젓는다. 그러길 보름 남짓 되었나, 아침부터 머리가 지끈거리고 열이 난다.

망설이지 말고 어서 배낭을 메자. 다그치는 마음과 달리 발걸음이 무겁기만 하다. 오르막길이 끝날 즈음에는 이미 몰골이 말이 아니다. 이마의 스카프를 벌써 두 번째 바꿨다. 목에 두른 수건도 흠씬 젖었다. 계룡산을 혼자 다 누빈 꼴이다. 그때였다. "애쓰십니다."라는 말이 들린다. 등산객이 더러 지나가는지라 예사로이 들었는데 느낌이 조금 다르다. 돌아보니 바짝 뒤에 웬 남자가 서 있다. 모르는 사람이라도 산에서는 지나칠 때, 서로 가벼운 인사를 나눈다.

가파른 산세는 오름길이나 내리막길이 다 험하다. 등산로가 있지만 평평한 곳은 드물다. 보폭만큼의 홈도 파였고, 나뭇가지가 손잡이를 대신하지만 방심은 금물이다. 천천히 내려갔다. 속력을 낼 수 없다 보니 자연이 앞서거니 뒤서거니 걷게 되었다. 마치 사이좋은 부부처럼.

가물어서 걱정인데 수통골은 역시 수통골이다. 골이 깊어서 머금은 물도 많은지 골짜기를 타고 내려온 물소리가 싱그럽다. 남자가 말을 건넨다. 저 계곡물에 발을 담그면 더위도 가시고 발의 피로도 풀리니 기회를 가져 보란다. 기회를 가져 보라는 말이 같이 담그자는 건지, 혼자 담가보라는지 애매하게 대화의 물꼬를 튼다. 고맙지만 지금은 그럴 마음의 여유가 없다. 서둘러 두어 걸음을 양보했다. 몇 번의 시도에도 불구하고 그 남자는 아랑곳없이 내 걸음에 보조를 맞춘다. 난감하다. 이 나이에 나를 업어 갈 일이야 있을까마는, 그럼에도 처음 보는 사람과 이런 일로 신경을 써야 하다니.

그래도 남, 여가 아닌가. 슬쩍 살핀다. 내 나이쯤 됐거나 조금 더 먹었거나? 입성이 수수한 걸 보니 퇴직한 사람인가, 아님 이 시간대에 등산을 하는 걸 보니 실직했나. 겉모습만 보고 사람을 짐작한다는 것이 어렵다. 아무튼 모르는 남자와 걷는 것이 긴장됐는지 고르지 못한 맥박이 신경을 자극한다. 혹시 아는 사람이라도 만나면 우세스럽지 않은가. 아니 그보다 우연을 가장한 인신매매단인가, 세상이 하 수상하니 머릿속이 혼란하다. 나이가 있으니 그럴 것 같지는 않지만 사람 속을 누가 아는가.

그건 그렇고, 지금의 내 모양은 또 어떤가. 완전 물에서 건져 낸 새앙쥐 꼴이다. 잠깐의 길동무를 청한 사람에게 과민함을 보이는 내가 우습다. 자주 산행을 하냐고 묻는 둥 어정쩡한 상태로 숲 속을 한동안 걸었다. 주차장을 지나치는 내게 버스를 탈 거면 자기 차를 이용하라는 말에 더럭 겁을 먹고 두말없이 줄행랑을 쳤다. 진심이었는지 몰라도 초면의 친절로 받기에는 불편함이 더 큰 호의다.

아스팔트를 핥은 열기가 노상의 정류소를 달군다. 땀에 젖은 옷이 이 틈에 마른다. 더위에 지친 사람들이 맥을 놓고 앉아서 버스를 기다리는데 버스보다 먼저 승용차 한 대가 멎으며 차창이 내려진다.

"여사님, 유성 가시면 내려 드릴테니께 타십시오."

아까 그 사람이 아닌가. 황당하다. 괜찮다는 사양의 말이 몇 번 오가는데, 버스를 기다리던 옆 사람이 불쑥 "나 유성가는디, 좀 태워줘요." 한다. 잠시 멈칫거리던 남자가 창문을 올리며 붕 속력을 낸다.

'타라고 하면 내가 탈 줄 알았나.' 내심 알량한 자존심도 들고, 그렇게 피곤해 보였나 싶어 살짝 거울을 꺼낸다.

저녁 식사를 하며 피곤했던 등산 이야기를 하니 식구들이 재미있게 웃는다. 웃음 끝의 남편 반응,

"야, 그래도 다행이다. 할멈한테 말을 거는 남자도 있고 자부심을 느낀다."

그러면서 가까이 다가오더니 들릴 듯 말 듯 속삭인다.

"당신 함부로 남의 차 타면 마늘 까는 일 시킨다."

내 참, 간밤에 꿈자리가 뒤숭숭하더니 기어이 이렇게 끝이 나는구나.

잠시 생각해본다. 목마른 나그네에게 물 한 모금 떠 주던 인정은 사라지고 선의의 친절마저 의심받는 세태가 되었다. 선의를 선의로 받아들이지 못하는 불신시대에서 우린 살고 있다. 나의 작은 친절도 왜곡될 수 있음을 선행 학습했지만 뒷맛이 어쩐지 그렇다. 소금에 절인 배추잎 같은 할매가 딱해서 보인 호의를 과다하게 해석한 할매의 망상을 그 남자도 바람결에 날려 보냈으면. 가끔 우린 엇박자의 장단에서 헤맬 때가 있지 않은가. 어쩌면 그 사람도 내가 안 탄 것을 다행으로 생각하고 있을지 모르겠다.

살면서 다행이라고 느낄 때가 어디 한두 번인가. 오늘 일처럼.

웃음소리

미스터 위는 이포(IPOH)에서 택시를 운전하는 중국인이다. 현지에서 오랫동안 생활한 분의 소개로 알게 되었다. 부인과 딸을 둔 오십대 중반의 가장으로서 젊은 시절에는 뉴욕에서 살았다. 그때 배운 영어로 외국인 고객을 맞는다. 그의 손아래 동서도 같은 일을 하지만 영어를 못해 미스터 위가 중간 다리를 놓는다. 배움이 짧은 중국 젊은이가 미국에서 할 수 있는 일은 그리 많지 않았으리라. 고생의 흔적을 본다. 그의 방문 틈을 엿본 것 같아 미안했지만 내 걱정과는 달리 부끄럽지 않게 당당히 하루를 시작한다.

그의 차를 처음 탔을 때의 놀라움은 화젯거리다. 여러 번 이용을 하다 보니 그의 차분하고 노련한 운전솜씨를 믿게 됐지만 이런 차가 어떻게 돌아다니는지 이해하기 어려웠다. 계기판은 다 낡고 군데군데 뜯어져서 한마디로 폐차 처분 직전이다. 낡은 차체에 비하면 다행히 엔진과 에어컨은 정상 가동을 한다. 신차 계획은 쿠알라룸푸르에서 대학을 다니는 딸이 졸업하면 생각해 보겠단다.

정직하게 요금을 받고 친절하게 안내하고 자기가 아는 만큼 최선을 다하는 그의 장점이 오랫동안 우정을 나눌 수 있는 이유인 것 같다. 새 차를 대신하는 그의 자상한 마음씀씀이가 우리를 편안하게 해준다.

이포에서 머문 보름 동안 미스터 위가 우리의 손발이 되어준 고마움은 차치하고라도 그의 웃음소리로 인해서 피곤을 덜어 낸 적이 한두 번이 아니다. 웃음소리가 참 독특하다. 바람에 날아간다는 안남미처럼 그의 웃음소리는 뒤 끝을 남기지 않고 바람 속으로 잘도 날아간다. 팍팍하고 거친 일 끝에 찾는 남자들의 연인, 한 개비의 담배처럼 그의 웃음에는 담배냄새가 묻어났다. 헛헛한 그의 웃음은 현실의 무게감을 떠안고 팜나무 숲 속으로 연기가 되어 사라졌다.

솜사탕 같은 뭉게구름이 둥실 떠 있다가 금방 새까만 먹구름이 몰려온다. 주위는 어둠으로 지척을 분간하기 어렵다. 천둥소리가 무섭다. 한 발자국 떼기도 전에 소낙비가 우두둑 내리친다. 말레이시아의 날씨이다. 사는 곳이 다르면 기후도 다르다. 그렇지만 사람 사는 것은 여기나 거기나 비슷하다. 일행의 일정에 유연성을 보이고 작은 것에 집착하지 않는 가벼움으로 여행 내내 미스터 위는 우리를 배려한다. 가벼울수록 날기에 좋다는 것을 알려준다. 문제는 오히려 내 안에서 발생했다. 집착하고 생각의 틀을 고정시켜 번번이 시행착오를 겪었으니까.

미스터 위가 빛바랜 남방셔츠 두어 개로 거의 보름을 보낼 수 있는 것도 날씨 덕분이다. 더운 날씨에 빨면 금방 마르고 의복에 신경을 쓰지 않는 중국인의 내핍정신과 잘 맞아떨어지고, 헌것을 부끄럽게 여기지 않는 검소함과 겸손함이 돋보인다. 그래도 우리가 떠나는 날, 낡았지만 다른 컬러의 셔츠로 바꿔 입고 배웅하는 감각도 있다.

그는 젖먹이 때, 떠나온 고향을 아직 가보지 못했다고 한다. 고향에 얽힌 짠한 이야기가 끝날 즈음 예의 그 웃음소리로 마무리한다. 웃음 속에 감춘 외로움이 진득하다. 사람들은 너 나 할 것 없이 떠돌다 가는 이방인일까. 배움이 많은 것도 아니고 성공한 사람도 아니지만 그와의 만남이 오랫동안 여운으로 남는 것은 웬일일까. 과하지 않으면서 자신의 일을 성실하게 하는 태도에 박수를 보낸다.

큰 욕심 내지 않고 천천히 걷는 그에게 도리어 내가 욕심을 부린다. 하루 빨리 새 차로 바꿔서 성능 좋은 계기판을 보며 거리를 누비라고. 좋은 소식을 기대하며 그때도 그는 예의 그 웃음으로 기쁨을 표시할 것이다. 이포를 떠나며 기억에 남는 것은 그를 지탱해주는 웃음소리다. 시름과 고난 속에서도 웃음을 잃지 않는 것, 미스터 위의 매력이다.

그녀의 미소

갑자기 세탁기가 멈췄다. 이를 어쩌나, 난감하다. 멈춰 버린 세탁기 속에는 젖은 옷들이 서로 뒤엉켜 있다. 숨통을 틔어 보려고 생명줄을 뽑았다, 꽂았다를 반복하고 이리저리 두드려 보아도 꼼짝을 않는다. 병명도 밝히지 않고 벌렁 누워 버린 그녀는 이십여 년간 우리 집 빨래당번을 자처한 나의 분신이다. 거의 쉬는 날이 없었으니 어찌 과로하지 않겠는가. 며칠 전, 왱하게 울리는 모터 음이 거슬렸지만 흘려들었다.

아무리 들여다보아도 내 힘으로는 살려 낼 재간이 없다. 급한 김에 발로 몇 번 차 보아도 먹통이다. 그러고 보니 모포 덩어리로 숨을 막히게 한 적이 한두 번이 아니었다. 울 세탁이니 불림이니 빠른 세탁이니 갖가지 주문으로 그녀를 혼란스럽게 했다. 그녀의 과로사는 어찌 보면 예견된 수순이었다.

퇴근한 남편이 찬바람을 안고 들어선다. 옷을 갈아입을 틈도 주지 않고 속내를 드러냈다.

"세탁기 바꿀까 봐요."

"왜, 고장 났어?"

"말도 말아요."

고장 난 세탁기가 남편의 애인이라도 되는 양 그녀의 변심을 과장해서 일러바쳤다. 남편도 조금 전의 나처럼 코드와 버튼을 만지며 그녀를 살리려고 애를 써보지만 요지부동이다.

"망가지긴 망가졌나봐."

기계에 숨을 불어넣지 못한 남편도 고장을 인정한다. 평균수명보다 오래 썼기에 새로 바꾸어도 별 무리는 없다. 적금 붓는 것이 끝났다는 것을 나보다 세탁기가 먼저 알아챘으니.

이튿날, 백화점으로, 할인점으로 부지런히 발품을 팔았다. 그동안 전자제품들이 많은 발전을 했다. 세탁기 역시 종류도 다양하고 디자인도 세련되고 멋스러워졌다. 세탁기가 아니라 근사한 가구처럼 보인다. 가격도 만만치 않게 올랐다. 요즘 사람들은 새로운 스타일을 선호하기에 모델이 자주 바뀌지만 견고성은 옛날 것도 뒤지지 않는다는 판매원의 설명이다. 이 참에 새 걸로 바꿀까, 고쳐

볼까. 못 고친다면 사리라.

다행히 부품은 구할 수 있다고 서비스 센터에서 연락이 왔다. 고치는 쪽으로 가닥을 잡았다. 일정표에 의해 손을 봐주니 며칠 기다리라고 한다. 우선 마치지 못한 빨래부터 시작이다. 마치 손빨래가 처음인 양 힘이 드니 그동안 편안함에 너무 길들여졌나보다. 어릴 때 냇가에서 언니들이랑 빨래를 곧잘 했다. 삶아주는 곳도 있었는데 묶은 끈이 느슨해져 풀어진 빨래의 주인을 찾느라 아저씨가 이 옷 저 옷을 들어 올리면 아주머니들의 웃음이 한바탕 터져 나왔다. 어린 계집애들은 그 틈에 미역도 감고 신이 났다. 한 폭의 풍속화가 돼 버린 옛날 일이다.

세탁기를 어떻게 하기로 결정했냐는 남편의 물음에

"사람이든 기계든 고쳐서 써야지, 병났다고 고장 났다고 새 것으로 바로 갈아버리면 서글퍼서 어디 살맛이 나겠어요?"

제법 철들은 소리를 했더니 돌아오는 말이 더 걸작이다.

"요즘 이사 가면 가장이 조수석에 맨 먼저 앉는다는데 우리 집은 낡고 고장 나도 고쳐 쓴다니 안심이다. 허허…."

세태를 꼬집는 농담이라고 웃어 넘겼지만 웃음소리가 허허롭다.

생활의 일부가 되어 의식하지 못했던 세탁기였다. 그녀의 고장으로 며칠간 바쁘고 고단했다. 고장 나는 것이 어디 세탁기뿐인가.

튼튼하다는 철강제품도 고장 나는데 반백 년을 넘긴 사람은 고장도 그만큼 더 잦겠지. 세상이 아무리 발달했다 한들 사람 명命을 이어 줄 부품은 매장에 나와 있지 않다. 어느 것도 대신 해줄 수 없는 우리 몸 중요하지 않은가. 이젠 몸이 반란을 일으키지 않도록 관심을 보일 때다.

약속된 날 인터폰이 울린다. 기사가 중요한 모터와 부속품을 교체해주고 배수관도 손을 본 뒤 시험가동에 들어간다. 아기 숨소리보다 더 고른음을 내며 돌아간다. 맥박이 뛴다. 성공이다. 미소를 찾은 그녀에게 기사와 나는 동시에 흐뭇한 눈길을 보냈다.

《호서문학》 49호

겉과 속

주택가에 위치한 그 목욕탕은 계절을 타지 않고 성업 중이다. 전에도 몇 번 들른 적이 있는지라 오늘도 잠깐 들렀다. 지하수를 파다 암벽 사이에서 솟구치는 약수를 발견하고 목욕탕을 하게 된 주인의 성공담을 종업원은 잊지 않고 이번에도 덧붙인다. 몸에 좋으니 약수도 먹어 보라면서.

물도 먹고 목욕도 하고 나니 기분이 좋다. 다행히 이 목욕탕에는 몇 가지 기초 화장품이 비치되어 불편을 느끼지 않고 마무리를 한다. 스킨로션 병을 열고 약간을 덜어 얼굴에 발랐다. 로션이라고 하기에는 너무 찐득하고 엉킴이 강하다. 물도 약수라고 자부심이 대단하니, 화장품도 내가 모르는 기능성 제품을 갖다 놓았나. 그래도 뭔가 이상하다.

"아주머니 로션이 왜 이렇게 찐득해요?"

"뭐라고요, 아이고 그건 로션이 아니고 젤이어요. 머리에 바르는."

"뭐라고 젤이라고요? 아니 그러면 젤 통에 넣어야지 왜 스킨로션 병에 넣었어요."

우리 대화를 듣고 주위의 손님들이 웃음을 터뜨린다. 그들은 내용물이 바뀐 것에 별로 놀라지도 않고 오히려 헤어 젤을 얼굴에 바른 나를 재미있어 하며 웃는다. 아주머니는 스킨 병이 아까워서 젤을 담았단다.

아이들이 어릴 때의 일이다. 주인집 꼬마가 콜라병에 들어 있는 살충제를 콜라로 알고 마셨다. 응급실로 실려 가서 위험한 고비를 넘기고, 목숨은 건졌다. 그때도 콜라와 살충제를 구분 못 하는 녀석이라고 꼬마만 된통 엄마한테 혼났다. 젤을 얼굴에 바른 사람이나, 살충제를 마신 꼬마는 꼼짝없이 바보가 되었다.

요즘 나라 안팎이 어수선하다. 며칠 있으면 대통령이 선출된다. 탄핵으로 물러난 최고통수권자의 빈자리를 차지하려고 후보들은 선거운동으로 밤낮이 없다. 흙탕물에서 진주를 찾는 일이 선거라고 비유한다. 어제까지 한솥밥을 먹던 사람들이 오늘은 서로를 향해 거짓말쟁이라고 목청을 돋운다. 고품격의 진주를 찾을 수만 있다면 잠시의 혼탁함은 견디겠지만 쉬 맑아질 것 같지 않다. 부디 이번에는 천연진주가 어렵다면 인공진주라도 건졌으면.

원래 대통령이란 자리가 전지전능하다고 믿지 않는다. 모든 것을 다 해내고 다 해줄 수 있을 거란 환상에서 깬 지도 오래다. 그저 신뢰성이 있는 사람이 국민의 대표자가 되어 이 시대의 거친 풍랑을 중지를 모아 헤쳐 나가길 바랄 뿐이다. 신뢰성이란 결국 사람의 겉과 속이 같아서 믿을 수 있다는 뜻인데, 그것마저 무리한 요구일까.

사랑하는 국민 여러분을 논하는 인사일수록 어제와 오늘이 다르다. 과거의 얼굴과 다른 새 얼굴을 보인다. 걸어온 발자취가 남아 있는데, 본인만 기억하지 못하고 덕지덕지 화장품을 바른다. 지켜지지 않는, 아니 지킬 수 없는 정책을 남발하면서 환심 사기에 급급하다. 겉과 속이 다른 내용물을 담는데 능숙한 그들은 수박을 원하는 국민에게 호박에 줄을 그어 수박이라고 안긴다. 나랏일에 수박 줄을 마구 그어 거짓 수박을 양산하니 겁이 난다.

'그 사람의 말이라면 검은 것을 희다고 해도 믿을 수 있어.' 이제는 들어 보기 힘든, 천연기념물이 되어버린 말이다. 하루에도 수없이 많은 말들이 날아다닌다. 그중에서 진심으로 하는 말이 얼마나 될까. 더러는 상대방을 의식해서, 더러는 체면을 위해서 본의 아닌 말을 하는 경우가 많다. 정직하면 손해를 보고 얄팍한 상술

이 통하는 시대에 살다 보니 거짓말로 포장된 표리부동함이 어우러져 굴러간다.

이런 상황까지 오게 된 데에는 우리 모두 자유롭지 못하다는 걸 인정한다. 사소한 예지만 스킨병 속의 헤어 젤을 웃고 넘기는 우리의 무관심도 일조하지 않았을까. 헤어 젤 사건은 종업원의 사과로 넘어갔지만 콜라병에 살충제를 넣은 사람은 끝내 밝히지 못했다.

겉과 속의 다름으로 생기는 불편과 불신은 이쯤에서 안녕해야 할 텐데, 얼굴에 붙어버린 젤처럼 쉽게 떨어지질 않는다. 콩 심은 데 콩 나고, 팥 심은 데 팥이 나는 사회는 벽에 붙은 정물화로만 영영 존재하지 않을까. 부디 기우이길 빈다.

틈새 바람

별일 아닌 것도 꼬이면 막막한데, 시어머니께서 즐겨 입던 카사리가 반쪽 났으니…. 어머님의 노여움을 풀어 드리는 일이 쉽지 않음을 내려앉은 공기에서 감지된다. 아이 옷처럼 작아진 카사리가 방바닥에 팽개쳐졌다. 좌불안석이다.

"땀에 젖으면 삶을 수도 있어야 여름옷으로 쓸모가 있는 것이지."

실용성을 강조하며 며느리의 안목 없음을 나무라신다. 불똥을 맞은 나 역시 답답했다. '카사리옷을 삶다니, 그것은 열에 약한 나일론실인데.' 시어머니에게 맞은 불똥을 도우미에게 튕겼다. 침묵 속에서 서로 신경전을 폈다. 결국 세탁방법을 물어보지 않은 도우미와 알려주지 않은 며느리가 꾸중을 듣는 것으로 일단락됐지만 도우미와 동급이 된 새댁 체면이 말이 아니다. 당시 시댁 살림을 도

맡아 하던 도우미는 모든 일에 능통했다. 그런 그가 카사리를 삶다니 이해하기 어렵다. 새댁 길들이기였나. 설마 그럴 리는 없는데, 한동안 서먹했다.

시어머니께서 지금의 내 나이 때이다. 갱년기를 겪으시는지, 유독 땀을 많이 흘렸다. 여름철로 접어들자 더 심하다. 민소매 옷을 권했지만 모든 것이 다 좋을 수는 없듯이 점잖지 못하다고 매번 만지작거리다 놓으신다. 지금도 그런 실이 있는지 모르겠지만 사십여 년 전에는 카실카실한 느낌을 주는 카사리라는 나일론실이 있었다. 그 실로 짠 옷도 카사리라고 불렀다. 세탁하면 잘 마르고 살갗에 들러붙지 않아 여성들의 사랑을 받았다.

시어머니께 카사리옷을 깜짝 선물했다. 연한 하늘색상의 카사리는 받쳐 입은 모시치마까지 돋보이게 했다. 여름철 의상 준비 끝을 외치며 어머님도 나도 만족했다. 그러나 어머니의 카사리 사랑도 잠시, 우리의 밀월은 그 여름이 가기도 전에 끝이 나고 말았다. 그만 삶는 빨래 속에 카사리를 넣고 푹푹 삶아 버린 것이다.

세월이 흘러 나도, 도우미 언니도 할머니가 되었다. 아픈 과거도 시간이 약인가, 둘이 만나면 나의 새댁시절로 돌아간다. 자기는 꾸중을 듣는데 어찌나 발이 저리는지 한동안 일어나지 못했다며 새댁의 눈물방울이 아직도 미안함으로 남는다고 한다. 고가의 옷도 아니고 특별한 세탁법을 요한 것도 아니고 열에 약한 것이 주의점인데 그걸 서로 함구했음이다.

우연한 기회에 불국사를 찾았다. 웅대한 대웅전은 저만치서 관용의 미소로 중생을 맞는다. 사찰의 경계선인 축대가 눈길을 끈다. 더러 관광지나 유적지에서 성벽이나 축대를 보면 그 방식이 거의 비슷했다. 빈틈없이 쌓아 올린 장벽은 높았고, 위압감을 주었으며 위대한 건축물은 방문객의 발걸음을 쉽게 허락하지 않고, 타인의 성으로 남아 괴리감을 주었다. 게다가 안과 밖을 철저히 분리해서 신분을 차별화했고 이념을 사유화했다.

그러나 신라인들은 달랐다. 그들은 청운교, 백운교, 연화문 등을 잇는 담장, 축대를 쌓으면서 틈새를 허락했다. 완벽한 구조 안에서 틈을 내어 숨통을 틔어 놓았다. 형태를 달리한 돌들이 제각각의 자리에서 담을 쌓는데 기꺼이 온몸을 바치고 있다. 안정감과 편안함이 천년 세월을 넘나든다. 틈새가 없는 담장은 쉬 허물어져도 적당한 틈새를 준 담장은 오히려 수명이 길다. 마치 강인함을 품는 온유함의 저력처럼.

얼금얼금하게 얹힌 돌 사이로 바람이 소소하게 드나든다. 솔향기를 머금은 바람결이 한결 상큼하다. 절에서 내려오는 바람과 마을에서 올라가는 바람이 담의 틈을 메운다. 저잣거리의 소문도 여염

집의 살림살이도 나라님의 정사政事도 틈새에서 머무는 여유를 갖는다. 그래서일까, 삼국을 통일할 수 있었던 것도 소통의 힘이 컸으리라 유추해본다.

잠깐 담장에 몸을 기댄다. 소통이 어찌 나라의 일에만 적용될까. 그 옛날, 시어머니와 며느리, 그리고 도우미 셋이서 의사소통만 잘했더라면 귀한 카사리옷도 버리지 않고 마음도 상하지 않했을 텐데…. 이제는 내가 시어머니의 자리에 있다. 조심하지만 자칫 가족 간에 마음이 상할 때가 있다. 내가 먼저 대화의 문을 열어야 할 것 같다. 침묵과 함구는 다르지 않은가. 어려워하는 며느리들을 보며 그들도 새댁 시절의 나처럼 본의 아닌 우를 범할 수 있으니까.

틈새 바람은 높고 낮음, 넓고 좁음을 가리지 않고 넘나들지만 사람의 마음은 바람처럼 가볍지만은 않다. 날기 위해서는 먼저 비워야 하는데, 무거운 아집이 짐스럽다. 덜어내리라.

부드러운 미풍이 이마를 간질인다. 윗녘과 아랫녘의 바람이 틈새에서 만나 소곤거리는 저녁나절을 꿈꾼다.

바람의 고비

면소재지에 위치한 그 초등학교의 교정에는 대여섯 그루의 살구나무가 있었다. 학교의 모습은 가물거리지만, 탐스런 열매를 맺던 살구나무는 지금도 기억난다. 당직을 할 때는 그 밑에서 책을 읽고, 간식을 먹던 명당자리다.

마당이 있는 집을 갖게 되면 살구나무를 심겠다는 꿈은 좀체 이뤄지지 않았다. 주거형태가 막 아파트로 확산되었고, 내가 처음으로 구입한 집도 아파트였기에. 그런데 생각지도 않은 조그만 밭을 갖게 되었고, 맨 먼저 심은 것은 당연히 살구나무였다. 연분홍 살구꽃은 돌아갈 수 없는 풋풋한 시절로 나를 끌고 갔다.

나무를 심고 보니, 눈에 띄는 것이 과수원의 나무들이다. 가지를 양옆으로 벌리고 손 닿을 만한 곳에서 키를 멈춘 과실수를 본다.

인간의 욕심이 낳은 기형아 같기도 하고, 그 모양이 마치 내 몸을 당겨 놓은 것 같아 편치 않다. 시골학교 살구나무는 내버려두어도 잘 자라 전교생이 먹을 만큼의 과실을 풍성히 매달고 있었는데….

우리 밭의 살구나무도 어느새 내 키를 넘었다. 가지치기는 아예 생각지도 않고, 그냥 쭉쭉 크도록 내버려두었다. 클 만큼 컸으니 올해는 실하고 상큼한 살구 맛을 볼 수 있으려나.

'드디어 나도 살구를….' 살금살금 다가갔다. 그러나 기대는 순식간에 무너진다. '아이고, 이런 낭패라니.' 매달린 것보다 땅에 떨어진 살구가 더 많다. 아까워서 얼른 집어 들었다. 보기에는 멀쩡한데 이미 한쪽은 갈색으로 변했고 물컹거린다. 성한 것은 드물고 가지에 매달린 노란 살구도 이미 까만 멍이 들었다.

그즈음 조카가 가출했다는 소리를 들었다. 가끔씩 들리는 동생 부부의 불화설을 젊은이들의 사랑싸움으로 치부해버린 나의 무관심이 뜨끔하다. 조카는 그동안 할머니와 함께 생활했다. 할머니의 정성이 제 어미만 못 할 리야 없지만 어린 마음에 엄마가 그리웠나. 할머니 둥지를 차고 나간 것이다. 친정어머니의 음성이 빗물보다 더 축축하다. 녀석이 갈 만한 곳으로 연락해보지만 요즘 애들이 어디 흔적을 남기나.

살구나무의 비명을 듣지 못한 것처럼 이번에도 조카의 비명을 듣지 못했다.

문제를 안고 있는 아이들이 따로 있는 것이 아닌데, 간섭과 관심을 구분하지 못하고, 스스로 자라게 한다는 것이 결국 방임이 돼 버렸다. 대여섯 살 때부터 어지간한 초등학생 흉내를 내고 생김새도 귀티가 나서 모두들 귀여워했다. 삼촌, 고모의 칭찬보다 조카에게 필요한 것은 제 엄마의 품이었다.

폭주족으로 밤거리를 달리던 조카 녀석을 경찰서에서 발견하던 날, 식구들은 말을 잃었다. 얼마나 과속을 하다 내동댕이쳐졌는지 찢겨 나간 바지 사이로 핏물이 흥건하다. 살아 있는 것이 용했다.

나무도 살리고 조카도 살려야 한다. 제대로 열매를 맺지 못한 살구나무는 잿빛무늬병에 감염되었다는 진단이다. 병든 가지를 쳐내고 충분한 영양분을 뿌리 밑에 넣어 주는 것이 나무의 치료법이라면, 조카도 방황과 갈등이란 가지를 쳐 내고 사랑과 안정이라는 따뜻함으로 다독여줘야 할 것 같다. 달가워하지 않았던 가지치기가 나무에 도움이 된다는 것을 인정해야 했다. 시간이 지나면, 나무가 진액으로 제 상처를 감싸듯, 조카의 흔들린 심신에도 딱지가 덮을 것이다. 그리고 힘들었던 방황의 늪에서 빠져나오리라.

흔들리지 않고 크는 나무가 어디 있을까. 아프지 않고 크는 사람이 어디 있을까. 나 자신도 정체성을 찾고자 몸부림 친 적이 어디 한두 번인가. 가지를 잘려서 앙상해진 나무도 주인의 발걸음 소리에 힘을 내는지 제법 실해졌다. 안팎으로 불던 거센 폭풍이 조카의 등교로 인해 미풍으로 잦아졌다. 친정식구들은 안도의 숨을 내쉬고, 나 역시 마음 고생했던 뒤끝이라 한숨 놓았다.

사람 사는 세상에는 늘상 바람이 분다. 봄 날씨처럼 살랑거리는 바람도, 사람을 날려 보낼 듯한 강풍도, 살아있기에 온몸으로 맞는다. 적당한 바람은 삶에 활력소가 되지만, 대체로 바람 끝은 매섭다.

살면서 불어오는 바람의 고비를 우린 그렇게 넘고 있다.

2부

춘하추동의 자연변화처럼 사람은 생로병사의 운명을 피해갈 수 없다. 봄의 화사함도, 여름의 뜨거운 정열도, 가을의 풍성한 결실도 한겨울의 적막함도 우리가 겪어내야 할 과정이다. 피하지 말고 당당하게 맞아들이자.

명약이 따로 있나

평소 그런대로 괜찮다고 믿었던 허리가 무리를 했는지, 일어서기가 힘들다. 진통완화제를 투여하고 치료를 했지만, 결국 시술을 받게 되었다. 당분간은 절대 요양이 필요하다는 진단이다. 1인실은 빈방이 없으니 양해해 달라는 원무과의 설명은 중요하지 않았다. 굳이 1인실을 고집할 만큼 치명적인 상처부위도 아니었기에. 4인실에는 이미 고참 환자 셋이서 자리를 잡고 있다.

창가 쪽의 빈자리에 침대를 밀어 넣은 의료진은 대여섯 시간 동안 미동도 없이 누워 있어야 한다고 주의를 준다. 후유증을 최소화하기 위해서라니, 대단한 인내심이 필요하다.

간병하던 아내가 집으로 돌아가고, 병실 안은 오롯이 환자만 남았다. 환자복에 링거를 꽂은 네 사람은 동병상련의 밤을 보내게 되었다. 입구 쪽의 사내가 특히 앓는 소리를 많이 낸다. 나 역시 바뀐 환경에 잠을 이루지 못하고 첫날밤을 그렇게 보냈다. 그래도 한 밤을 지내고 나니 실내가 눈에 들어온다. 세 사람은 아침 인사도 나누고 자리도 정리하는데, 초보환자인 나는 좀 서툴다.

"내시경이요? 아니면 나처럼 칼을 대셨슈."

우유팩 하나를 건네며 걸쭉한 목소리로 말을 건넨다. 가무잡잡한 얼굴이 둥글넓적하며 작달막한 키다. 역시 나이를 속일 수 없듯이 머릿속은 이미 속알을 보이고.

"내시경으로 했습니다."

말문을 트기에는 시간이 좀 필요한데 그는 이런 일에 능숙한 듯 스스럼없이 대하며 이런저런 이야기를 꺼낸다. 나이 먹으면 안 아픈 곳이 없다며 농사꾼이라고 자신을 소개한다. 말문을 트고 보니 동갑의 나이다. 동갑이라는 공통점이 서먹함을 많이 덜어낸다. 농사만 짓는다는 말과 달리 그는 다양한 취미를 갖고 있는 듯하다.

아침이 밝았다. 걸맞게 위문객이 몰고 온 공기가 시원하다. 회장님이라 불리는 입구 쪽의 사내는 앓는 소리를 낸 사람답지 않게 사람들에게 지시를 내리기도 하며 큰 소리로 웃기도 한다. 힘든 밤을 보냈음에도 내색하지 않는 그의 절제력이 대단하다.

내 침대와 맞닿은 옆의 키 큰 친구는 산에 가서 약초와 버섯을 채

취해서 섭생에 신경을 쓴다는 건강비법을 알려준다. 회복되면 다시 산행을 할 거라는 의지를 내비치며. 진귀한 것을 잘 찾는 비법은 '남이 다니지 않는 험한 길이 보물을 찾는 지름길'이란다. 그는 알아주는 '헌터'였다.

우린 회복을 기다리는 상태라 나름의 여유가 있었다. 누군가 화제를 꺼내면 자신의 경험을 토대로 끝말이 이어진다. 이런 분위기를 재미있게 받아들이는 내 자신도 젊을 때보다 많이 둥글어졌다. 간식도 나눠 먹고, 사이사이에 위문 온 사람과 환우의 대화를 슬쩍슬쩍 엿듣기도 하면서 상처가 아물기를 기다렸다.

흥미로운 것은 반장 격인 농부한테 여성군단이 자주 위문을 온 점이다. 여성이라지만 그녀들 역시 경로우대증을 지갑에 넣은 할머니들이다. 인기의 비결을 물으니

"베풀면 다 돌아오죠. 조그만 탁구공을 던지면 큰 축구공이 되어서 돌아오죠. 베풀지요, 그게 사람의 정 아닌가요. 그 여인들은 다 친구입니다."

여자를 여인이라 표현하는 그의 어법이 재미있다. 밤새 앓는 소리를 내던 회장님의 궁금증이 드디어 폭발한다.

"그건 알겠는데 나도 영 마음에 걸렸어. 여자들은 많이 왔다 갔다 하는데 그중에서 누가 당신의 집사람인지 사실 궁금했다고."

대화의 흐름이 여자 쪽으로 방향을 트니 아까부터 눈을 감고 있던 헌터가 잠이 달아났는지, 난간을 잡고 일어난다.

외모로 사람을 판단할 수 없지만 투박한 말과 다듬어지지 않은 행동임에도 그의 표현처럼 여인 친구가 많다는 것은 인상적이다. 마누라 하나와 뜻 맞추는 것도 쉽지 않은데, 난해한 여인 동무를 일사분란하게 움직이는 그의 능력이 돋보인다.

집안일을 상의하는 말을 들으면 조금 전 나간 위문단 속에 부인이 있는 것도 같은데, 환자 옆에서 간호하고 삼시 세끼 밥을 살뜰히 챙겨주고 있는 저 여자는 또 누구란 말인가.

“마누라는 아까 갔고, 여기 밥 차려 주는 여인도 친구이죠.”

“아니 그럼 여태 침대에 같이 있던 사람이 부인이 아니라고?”

“흐흐…. 원래 내 별명이 물개 수컷이여유.”

“뭐라고, 물개 수컷?”

병실 안은 동시에 웃음이 터졌다. 평생을 흙에서 놀던 사람이 감히 물개를 자처하다니.

간호사가 달려왔다.

“무슨 일 있으셔요?”

“아이고, 아가씨는 알 것 없시유.”

능청스런 사투리로 애먼 간호사에게 물개 수컷이 퉁을 준다. 아픈 허리를 붙잡고 남자들이 다시 폭소를 터뜨린다. 은근 수컷이 부러운지 킥킥거리는 웃음소리를 내며. 무슨 약이 이처럼 아픈 남자들을 웃게 할 수 있을까. 역시 명약은 따로 있었네.

설탕과 소금

하객들 속에 앉아 있다, 그녀가. 딱히 누구와 인사를 나누겠다는 생각도 없는데, 어쩌다가 무엇이 끌기라도 한 양 그쪽으로 시선을 돌렸다. 그녀인가, 아닌가. 아니 분명 그녀다. 오랜만에 보는데도 그녀의 모습은 별반 달라진 것이 없다. 주책없이 가슴이 덜컥 내려앉고 심장이 두근거린다. 그녀 눈에 띌까 내가 더 당황한다.

피부는 여전히 뽀얗고 맵시도 고와 보인다. 입성도 추레하지 않은 걸 보니 역시 사는 재주가 용하다. 짧지 않은 세월이 그녀와 나 사이에 흘렀다.

십여 년 전, 연일 경찰청에서 전화가 집요하리만치 왔다. 마치 내가 집에 있는 것을 다 알고 있다는 듯이.

"크게 피해 본 것이 아니니 제발 귀찮게 하지 말아요."라고 사정을 했지만 경찰관의 이야기는 다르다. 사건이 접수 돼서 당연히 조사해야 한다는 말이다. 그때 내가 찾아간 경찰청의 조사실은 지하실이었다. 밖은 환한 대낮임에도 빛바랜 형광등이 지하실의 어둠을 쫓느라 눈을 부릅뜨고 있다. 건물이 오래되어 음습했는지, 내 마음이 심란해서 음습했는지, 지하실 내부가 어두컴컴했던 것으로 기억된다.

그녀는 우리에게 다도를 가르쳤다. 생활방편으로 다기와 여러 차들을 판매하고 차 만드는 법도 가르쳤다. 그녀의 가게에 진열된 토기인형을 구입한 것이 계기가 되어 가깝게 되었다. 인형의 얼굴 표정이 너무 슬퍼 보인다는 내 말에 자기도 공감한다며 가장 아끼는 작품이라고 애정을 표한다. 가게를 자주 들르다 보니 친해졌다. 다도 모임을 만들 계획이라며 가입을 권한다. 그녀의 전통문화에 대한 해박함과 열정은 모임을 만드는 데 별로 시간을 끌지 않았다. 모임을 앞에서 이끄는 그녀를 우린 자연스레 다도 선생님이라 부르고 따랐다.

그러던 어느 날, 그녀가 잠적을 했다. 회원에게 많은 돈을 빌리고서. 돈을 빌려준 사람은 말할 것도 없고 회원들은 뒤통수를 맞은 듯이 어리벙벙했다. 이제까지 꿈을 꾸었나 싶었다. 맑고 도덕적인 이야기만 하던 선생의 야반도주를 인정하기에는 무리였다. 그만큼 우리는 정이 들었고 그녀를 신뢰했다. 설탕이라고 먹었던 것이 짜디짠 소금이라니.

인도를 가기 위해 조금씩 적립해 둔 여행비도 그녀는 빠뜨리지 않았다. 여행비까지 손을 댄 그녀가 안쓰럽기도 하고, 설마 이런 행동까지 할 줄 몰랐던지라 배신감과 이중성에 회원들은 화가 치밀었다. 금전으로 만난 사이라면 차라리 포기하겠으나 신뢰를 바탕에 둔 회원들의 상처는 의외로 컸다.

여행비는 문제 삼지 말자고 의견을 모았지만 문제는 목돈을 떼인 회원들이다. 선생과 제자는 한순간에 채무자와 채권자로 바뀌었다. 고소를 했다. 그녀를 잡는다고 아우성이다. 형사들이 그녀의 집 주변에 잠복했다며 살벌한 용어들이 입에 오르내리기 시작했다.

조사과정에 내게도 귀찮을 만큼 전화가 왔다. 피하는 것도 한계가 있지, 협조를 부탁하는 직원의 요구를 더 이상 밀쳐낼 수가 없었다. 사건에 관계된 여러 내용을 자세하게 물은 뒤 끝으로 "다도에서 무엇을 배웁니까?" 하며 흥미로움을 나타낸다.

"배운다기보다 우리의 전통 다도문화를 제대로 알고 싶었습니다."라는 나의 대답이 그의 고정관념을 바꿔 놓는데 별 도움이 되지 못한 것 같다.

"주전자에다 넣고 푹푹 끓이면 되지, 무슨 차 끓이는 걸 다 배웁니까?" 빈정거림을 지나 나의 감정을 건드린다. 이래저래 속이 상한 나는 그의 충고 섞인 말을 뒤로 하고 지하실을 빠져나왔다.

스승과 제자가 대질심문을 받았다는 소식을 들은 것은 그러고도 한참 지난 뒤였다. 실형을 선고 받았을 거라고 전하는 회원의 목소리는 먹구름만큼이나 나를 무겁게 했다. 차를 마시며 나누었던 정들이 무참하게 깨졌다.

한동안 다소곳이 차 끓이는 그녀의 모습이 떠올랐다가 느닷없이 수의를 입은 그녀가 덮쳐 왔다. 경제적인 문제가 그녀를 벼랑 끝으로 내몰았나 싶은 안타까움이 들기도 하고, 처음부터 회원들에게 의도적으로 접근했나 싶은 불편한 생각도 들었다. 녹지 않은 설탕과 소금이 결정체로 남아 혀끝을 괴롭혔다.

오늘, 결혼식장에서 생각지도 않게 그녀를 보았다. 그녀는 의연하고 우아한 모습으로 식을 지켜보고 있는데, 그녀를 어찌 대할까 혼란스럽기만 하다.

처음 만났을 때 모습이 떠올랐다. 그녀는 오늘처럼 우아했다. 편하게 사람을 대하는 가식 없음에 자매 같은 정을 느낀 적도 있었다. 문득 이것도 인연이란 생각이 든다. 내 생애에 한두 번쯤 스치도록 되어 있다면 악연으로 끝을 내고 싶지 않다. 죄는 미워도 사람은 미워하지 말자는 생각이 든다. 그녀와의 만남을 이렇게 끝내지 말자.

손이라도 한번 잡자. 그런 마음을 담아 그녀 쪽으로 눈길을 돌렸다.

화사하게 앉았던 그녀 자리가 텅 비었다. 그녀가 먼저 자리를 떴다. 달지도 쓰지도 않은 허전함이 몰려온다. 설탕과 소금은 이미 세월 속에 다 녹았는데. 실없는 먹먹함에 두 손만 비벼 본다.

《수필과비평》 2011.

빈 뜰에서

사순절이 시작하는 첫 주에 영림이가 입원을 했다. 무엇이 그리 급하다고 그새 자리에 눕나. 영림이는 이젠 막 중년을 넘긴 내 친구다. 삼십여 년 전, 처음 만났을 때가 바로 엊그제 같은데 몸이 아프단다. 아직은 나이가 있어 병 따위는 실감나지 않는데, 아픔에는 순서가 없음을 실감한다. 영림이를 기억하건대 항상 한 발 뒤로 물러나는 겸허한 자세였고 조용한 성품을 가졌다.

결혼할 때, 이미 중풍으로 앓고 있는 시아버지와 세 명의 시동생이 있었다. 가족 중 유일한 여자는 영림이였다. 다섯 남자의 뒷수발이 하루 일과였다. 게다가 남편의 공장이 집과 붙어 있어 바쁠 때는 공장의 뒷바라지도 그녀의 몫이었다.

작년인가. 그녀를 만났을 때 입고 있던 점퍼의 지퍼위치를 쉽게 찾지 못하고 더듬거릴 때도 건성으로 넘겼다. 설마 그 지경까지 되리라고는 생각하지 못했다. 그동안 그녀가 지고 온 짐이 너무 무거웠나. 짐은 결국 치매, 녹내장, 허리디스크라는 중증의 쇳덩어리로 그녀의 몸을 덮쳤다. 물론 이런 병들이 집안일 때문에 생긴 거라고 의학적으로 단정 지을 수는 없지만, 적어도 과중한 일과 심한 스트레스가 발병의 원인이 되었음을 부인하지 못할 것 같다.

그녀 혼자서는 생활하기가 어렵다. 시아버지가 그녀 등에 업히어서 한평생을 보냈던 것처럼 그녀도 누군가의 도움으로 투병생활을 해야 할 텐데 현실에서 그에게 등을 내밀어 줄 사람이 딱히 떠오르지 않는다. 가족들이 그녀의 날개가 되어 줄 차례지만 안타깝게 시동생도 자녀들도 다 곁을 떠나 멀리 있다. 시동생 뒷바라지에 자녀들 성혼까지 그녀는 치열하게 해냈지만 정작 아픈 그녀 곁에는 나이보다 더 늙어 보이는 남편만이 우두커니 앉아있을 뿐이다. 영림이가 날개 잃은 천사가 아니라 병주머니 애물단지로 전락될까 두렵다.

착한 것은 아름답다. 보기에도 흐뭇하고 악한 사람마저 순화시키는 힘이 있어 우린 선을 강조하고 선행을 알린다. 약삭빠르지 못하고 누구에게나 헌신적인 영림이. 착하면 복을 받는다고 믿고 사는데, 그런 믿음을 깬 영림이 때문에 속이 상한다. 선한 뒤끝이 이렇게 끝나는 것인가. 야속하다.

그러나 생각을 돌려보자. 반전의 기회는 있다. 영림이네 가족은 다를 거다. 이렇게 끝나지는 않을 것이다. 아마도 가족이 똘똘 뭉쳐서 그녀를 다시 건강한 엄마, 건강한 형수님으로 회복시켜 줄 것이란 믿음이 간다. 우리나라 의학이 세계적인 수준이라고 하지 않는가. 심란한 마음속을 파고드는 이 희망의 확신은 무엇인가. 영림이가 뿌린 씨앗이다. 긍정의 힘으로 살았던 영림이다. 분명 싹을 틔울 것이다.

빈 뜰에서 성급하게 봄꽃을 찾는 것은 아마도 지루한 겨울을 털어내고 싶은 성급함 때문이리라. 참고 기다리는 마음이 그 어느 때보다 필요한데 마음이 바쁘다. 문득 김수환 추기경님이 떠오른다. 추기경님이 선종을 앞두고 겪으셨던 육체적 고통을 우리가 반의반이라도 알겠는가. 아픔이 어찌 추기경님이라고 피해가겠는가. 고통 속에서도 따뜻한 미소를 잃지 않으시고 우리에게 서로 사랑하라는 메시지를 남기지 않으셨던가. 생과 사의 경계선에서 겪는 고통의 의미가, 더 낮아지고 더 겸손해야 한다는 것을 추기경님과 이별한 뒤에야 알았다.

춘하추동의 자연변화처럼 사람은 생로병사의 운명을 피해갈 수 없다. 봄의 화사함도, 여름의 뜨거운 정열도, 가을의 풍성한 결실도 한겨울의 적막함도 우리가 겪어내야 할 과정이다. 피하지 말고 당당하게 맞아들이자.

해마다 빈 뜰에 민들레꽃이 피었다. 도심의 회색 틈새에서도 샛노란 꽃을 피우는 민들레다. 올 봄에도 필 거라고 믿는다. 한 줌의 흙에서 씨앗을 발아시키는 민들레의 생명력을 담아 카드를 준비했다. 오랜 만에 손편지를 쓴다. '빨리 회복해서 예전의 웃음을 찾으라'는 마음을 담았다. 그녀의 고통에 비하면 손등에 떨어지는 내 눈물이 사치스럽다. 나보다 더 진한 그녀의 눈물이 이미 기도 속에 녹아 있을 것이다. 금년 사순절에는 영림이 때문일까, 아픈 사람들이 유독 눈에 들어온다. 부활의 기쁨을 함께할 수 있도록 주님께 그들의 쾌유를 간구한다.

《전원에서》 2011.

삭정이와 라일락

계절이 바뀌는 길목은 언제나 심란하다. 심한 일교차 때문일까. 아른거리는 봄기운 앞에서 날씨는 마냥 심술을 부린다. 체감온도는 아직도 무채색의 겨울이다. 안방을 내준 서운함의 표출인지 변덕이 심하다. 햇살이 비치는가 하면 이내 구름이 끼고 금방이라도 눈발을 날릴 듯 차가운 바람까지 가세한다. 앙상한 나무의 아픔은 안중에도 없다. 마치 가까이 있는 것들을 끌어안고 사라질 것처럼 덤빈다. 그래서일까, 버티지 못한 나뭇가지가 우두둑 부러진다. 제 살점을 떼어낸 가지들이 널브러져 있다. 삭정이다.

삭정이로 뒹구는 나뭇가지에서 감골 아주머니를 만난다. 오래전부터 알고 지내는 분이다. 남편도 있지만 몸이 약하다는 이유로 젊어서부터 가족의 생계는 그녀의 몫이었다. 사십 대 후반부터 공사

장 인부로 나섰다. 배움은 적지만 나름대로 통솔력이 있어 반장이 되었다. 십여 명의 인부를 인솔하다 보니 이래저래 바빴으리라. 사소한 일부터 시작된 다툼은 가정불화로 이어졌고 남편의 폭력으로 일방적인 끝을 냈다. 자녀들이 짝을 찾아 다 떠난 이듬해인가, 아주머니가 종적을 감췄다는 말을 들었다. 어려움 속에서도 주위를 배려하는 그녀의 성품이 내게 좋은 기억으로 남아 있는데.

집 나간 마누라를 찾는다고 온 동네를 떠돌며 주정뱅이로 전락한 그녀의 남편이 교통사고를 당했다는 말을 들은 것도 지금처럼 바람이 심하게 부는 날이다. 중상이었다. 좋지 않은 소식은 그녀에게 더 빨리 날아갔다. 자녀들에게 짐을 지울 수도 없고, 그렇다고 간병인을 둘 처지는 더욱 아니었다. 아직도 궂은 인연의 매듭을 풀지 못했나. 자신의 업보라고 생각하며 집으로 돌아왔다.

육십이 넘은 그녀는 남편의 간호를 떠맡으며 다시 생활전선으로 나섰다. 삶의 힘듦이 굵은 주름과 햇볕에 탄 얼굴이 먼저 말한다. 이젠 부인의 소중함을 알만도 한데 몸을 추스른 남편은 집 나간 이유를 말하라며 그녀를 괴롭힌다. 나뒹구는 삭정이의 자유로움이 부럽다고 한다.

가정이 어느 한쪽의 노력만으로는 유지되지 않는다. 양쪽에 버팀목이 있어야 다리가 유지되듯, 부부관계도 남편과 아내의 적절한 소통과 신뢰를 밑받침으로 하는데…. 무너질 듯한 다리를 보는 것처럼 위태롭다.

힘들어 하는 그녀를 앞세우고 묘목시장을 찾았다. 겨울을 넘긴 묘목들이 고만 고만한 모양새를 뽐낸다. 어떤 인연을 만날지 우리가 젊은 시절 그랬던 것처럼 나름대로 기대에 찬 어린것들이 모양새를 자랑한다. 라일락 묘목을 샀다. 열악한 환경에서도 뿌리를 잘 내리는 라일락은 그녀를 많이 닮았다. 꽃보다 향기가 더 좋은 나무다. 열 주를 사면 조금 깎아 준다는 주인의 선심도 고맙지만 묶은 단에서 몇 주만 떼어 놓기가 뭐해서 다 샀다. 그녀와 반반 나누었다. 심을 자리도 마땅치 않다며 거절하는 그녀에게 희망의 싹이라 생각하며 키워보라고 했다. 희망이라는 말을 어떻게 받아들였는지 망설이다 받는다.

기승을 부리던 꽃샘추위도 때가 되면 물러간다. 자연의 섭리다. 그러나 사람의 일은 자연처럼 순조롭지가 않을 때가 더 많다. 사람이 꽃보다 아름답다고 하지만 가슴앓이를 하는 그녀를 보면 꽃이 더 곱겠다는 생각이 든다. 그만 헤어지라는 말을 하고 싶을 때가 많았다. 그녀가 가정을 버리면 남편은 폐인으로 전락할지도 모른다. 사랑과 미움, 증오와 연민이 줄다리기를 한다. 고운 정만 어디 있나, 미운 정도 함께 엮여 있는 걸.

봄을 샘낸 모진 바람도 이겨 낸 그녀다. 보이는 희망이 없어도 그녀는 희망을 찾기 위해 노력할 것이다. 라일락 꽃향기가 그녀 부부에게 소통의 향기로 거듭나길 빌어본다. 분명 사람이 꽃보다 아름답다고 하지 않는가.

《호서문학》 39호(2007. 여름호)

공존

아이가 유치원에 다닐 때다. 자모들이 자주 모이다 보니 곧 친구로 발전했다. 그중 무용을 전공한 친구는 패션 감각이 있어 옷차림과 헤어스타일에 대해 조언을 곧잘 해주었다. 그녀는 내게 머리 색깔을 좀 바꿔보란다. 너무 검어서 칙칙해 보이니 갈색으로 바꾸면 좋을 듯하다고. 그녀의 말을 듣고 보니 어쩜 그렇게 머리색이 검고 숱도 많은지 꼭 미련퉁이 같다.

그 시절에는 젊은 여자들의 머리 염색에 대한 편견이 심했다. 염색약이 발달하지 못한 것도 이유겠지만 노란 머리의 여자가 거리를 활보하면 좋은 인상은 아니었다. 그럼에도 불구하고 염색을 한번 해보고 싶은 간절함은 열망이 되었고 그예 실행에 옮기는 단계에 접어들었다. '머리색을 조금 바꾼다고 해서 원래의 내가 아닌 것은 아니다….' 주문을 외면서.

절대 노랗게 나오면 안 된다고 열 번도 넘게 미용사를 다그쳤다. 관습은 고사하고 편견을 깬다는 것이 이렇게 어려운지, 정말 용기를 필요로 한 모험을 감행했다. 검은색만 살짝 없애라고 주문을 한 탓인지 검정인지 흑갈색인지 분간키 어려웠지만 머리색을 바꾼 것은 확실했고, 결과에 그런대로 만족했다. 미용사는 자신이 개발한 '멋 내기 염색'이라며 사람이 달라 보인다고 치켜세운다.

그리고 며칠이 지났다. 빨래를 하고 있는데 시어머니의 떨리는 음성이 등 뒤에서 들린다.

"어멈 머리에다 물들인 거여?"

"네? 예에…."

문제가 시작되었다.

"어디 양반집 며느리가 노란 머리를 하는 천박한 행동을 하냐."며 대로하신다. 검정에 가까운 흑갈색은 어느새 노란색으로 부풀어졌고 집안은 비상사태가 선포되었다. 머리를 염색한다는 것은 여염집에서는 할 행동이 아니라는 것이 어머님의 고정관념인데, 그것도 큰며느리가 염색을 했으니. 안방에서 두문불출하는 시어머니의 노기는 가라앉지를 않는다. 며칠 후 거의 메가톤급의 명령이 내렸다. 검정색으로 다시 물을 들이든지, 아님 친정 가서 길러 오든지 하라고….

세월을 뛰어넘어 흰 머리칼이 이마를 덮는다. 젊은 날 나를 울렸던 염색의 기억이 떠오른다. 그땐 몰랐다. 머리칼은 나이에 맞게 제 색깔을 띠고 윤이 날 때가 가장 아름답게 빛난다는 것을. 바람처럼 지나가는 유행을 좇아 어머님과 불화를 빚으며 마음고생을 했던 지난 시절의 부끄러운 이야기이다.

나는 요즈음 은근히 새치라고 부르고픈 흰머리한테 항복을 하고픈 마음이다. 은빛 머리, 빨간색 머리, 오렌지향이 금방이라도 코끝을 스칠 것 같은 샛노란 머리, 환상의 보랏빛 머리칼, 다양한 색깔만큼이나 개성 넘치는 머리칼을 요즈음 젊은이들은 마음껏 구가하고 있다. 반복되는 일상의 탈출, 번뜩이는 감각의 표현, 창조의 일환으로 머리색에 변화를 주며 자신의 삶에 변화를 꾀한다. 옛날처럼 염색을 두려워하거나, 비난하지 않는다. 어떤 색깔의 변화로 눈길을 끌 만큼 우리의 사고가 경직되지 않았음을 반영한 재미있고 발랄한 시대다. 다양함을 포용하고 추구하는 축복의 세대이다.

젊은이들의 그런 장점과 개성을 부러워하면서도, 정작 나는 흰머리를 그대로 놔두질 않고 일을 벌인다. 염색이란 귀찮고 번거로운 일을.

내가 은발의 대열에 끼지 못하는 이유가 뭘까. 이유는 딱 한 가지다. 젊은 날, 갈색으로 염색하면 좋겠다는 친구의 말처럼 흰머리가 나이보다 더 들어 보인다는 말이 지금의 나를 꽉 잡고 있다. 검정을 버리고자 애썼던 지난날과 달리 오늘은 검정을 취하려고 애를 쓰며 흔들리고 있다. 실상보다 허상에 집착하는 나 자신이 부담스럽고 안쓰럽다.

생각을 바꿔보자. 하양은 우선 청결함의 대명사다. 정갈하고 깨끗한 머리칼, 나이 듦의 선물이다. 마음을 바꾸면 그리 못 참을 일도 아니다. 준비했던 염색제를 저만치 밀쳐놓고 거울을 들여다보며 머리칼을 이리저리 넘긴다. 군데군데 세월 따라 탈모의 현상도 나타났다. 그래도 꿋꿋이 제자리를 지킨 검정 머리칼과 조금 전에 솟은 듯한 하얀 머리칼이 제법 많이 잡힌다. 고맙다. 검정은 패기와 신선미, 하양은 노련함과 원숙미의 상징이라 의미를 부여해 본다. 투톤의 머리칼, 사이좋은 공존 가능하지 않을까.

《수필과비평》 2013.

진실게임

1.

무서리가 하얗게 내렸기에 한 줄의 햇살이 무엇보다도 그리운 새벽녘이다. 두어 번 오던 길을 되돌아갔다. 아까부터 저편의 의자에 뭔가가 웅크리고 있다. 진한 안개로 인해 물체를 구분하는 것이 쉽지 않다. 사람일까, 아니면 단순히 짐뭉치일까. 궁금하다. 설마 사람이라면 이렇게 추운 날 야외에서 잤을까, 아님 새벽부터 집을 나와 배회하는 걸까. 그냥 지나칠까, 망설여진다. 인적이 드문 데다 불량한 사람이라면 도리어 행패라도 당하지 않을까, 그래도 사람이라면 도와야 하지 않을까. 망설이다 용기를 냈다.

가까이 다가갔다. 사람이다. 이곳에서 잤는지, 허리도 제대로 펴지 못하고 최대한 추위를 견딜 요량으로 온몸을 구부리고 있다. 머리칼은 덥수룩하고 허술한 가방을 옆구리에 꼭 끼고 있다. 초라한 형색이지만 불량한 사람 같지는 않다. 사업에 실패한 노숙자인가, 가정불화로 집을 나온 가장인가, 아님 중국에서 넘어온 동포인가. 탈북자가 많지 않은 시절이라 중국 동포 쪽으로 얼핏 짐작이 간다. 딱하다. 말을 건네기가 쉽지 않지만 추위에 떨고 있는 사람이다.

인기척을 냈다.

"아저씨, 오늘 엄청 추워요."

"…."

"어디 따뜻한 곳으로 옮기세요."

"…."

"적지만 이 돈으로 따끈한 해장국이라도 사 드세요."

"…."

연거푸 던지는 말에도 대답이 없다. 대답하는 것조차 귀찮은지 모르겠다. 생각을 방해받았는지, 잠을 방해받았는지, 아저씨가 몸을 일으킨다. 그리고 더듬거린다.

"나 거지 아닙네다."

며칠을 노숙한 듯 비루한 모습인데도, 자신은 거지가 아니라는 말을 남기고 비틀거리며 자리를 뜬다. 당황스럽다. 그리고 미안했다. 본의 아니게 체온으로 덥혀놓은 의자마저 뺏어 버린 꼴이 되었으니.

2.

기상청 보고로 올 여름이 가장 무덥다고 한다. 해년마다 기온이 상승하니 내년은 더 더울 것 같다고 예측한다. 하루일정의 서울 나들이다. 이곳저곳 부산하게 움직였기 때문에 피곤함이 몰려 꼼짝도 하기 싫다. 사람들로 가득 찬 서울 역 대합실에서 빈자리를 찾아 엉덩이를 들이밀었다. 나처럼 피곤한 얼굴도 있지만 막 여행을 떠나는 사람들의 신선한 에너지도 넘쳐서 사람 사는 맛을 느끼게 한다. 맞은편에 앉은 중년 아줌마들의 활달한 대화가 그치질 않는다. 그 소리에 편승해서 피곤을 풀어 본다. 친구들과 저런 여행도 활력소가 될 거야, 부러움을 담으면서.

그런데 웬 아가씨가 앞에 선다. 나는 그녀들의 구수한 이야기가 듣고 싶어 아가씨를 피하는데 그녀는 목적이 있는 양 머뭇거린다.

"저 좀 도와주세요, 제가 임신을 했어요."

"…."

나는 처음에 무슨 말인지 말귀를 알아듣지 못했다.

"네에?"

"제가 임신을 했는데 돈이 없어서요…."

"…."

예쁜 아가씨의 말은 임신을 해서 돈이 필요하니 좀 도와주십사 하는 요지였다. 가끔 차비가 없어서, 몸이 아파서, 배가 고파서 등등의 이유로 손을 내미는 사람들을 경험을 한다. 처음에는 사실인 줄 알고 적은 돈을 미안해하며 주지만 주위사람들도 그런 경우를 많이 당했다는 이야기를 듣고 웃었다.

이 아가씨는 임신을 했다고 한다. 당황한 것은 오히려 내 쪽이다. 미혼모를 돕는 곳을 찾아보라 하니, 순간 눈빛이 흔들린다. 그 흔들림 속에서 뭔가를 발견해야 하는데…. 그녀는 포기하지 않고 계속 도와달란다. 이번에는 내가 불안하다.

결국 지갑을 열 것 같지 않음을 눈치챘는지, 아님 자존심이 상했는지, 다른 먹잇감을 찾고 있는 그녀의 눈빛을 확인하는 순간, 시골 아줌마인 나도 그녀의 불편한 진실을 알아챘다. 같은 여자이지만 나는 그녀를 돕지 않았다. 속는 셈 치고 도와줘도 되지만 어떻게 '아기'를 걸고 거짓말을 하나. 아가씨의 지나친 영특함이 섬뜩했다.

지난겨울, 몹시 추웠던 날의 기억이 떠오른다. 추위에 떨던 남자는 타인의 손길을 거절했고, 올 여름, 에어컨 속의 멋쟁이 아가씨는 타인의 손길을 갈구했지만 도움을 받지 못했다. 남자에게는 나의 진실함이 전달되지 못했고, 아가씨는 내게 자신의 진실함을 전달하지 못했다.

진실게임은 진, 위를 가리라 압박하면서 늘 사람과 사람 사이를 현재진행형으로 휘젓는다. 한순간에 참과 거짓을 구별해야 하는데, 번번이 헷갈린다. 수없이 풀었기에 속지 않을 법한데 거짓을 진실인 양 전하는 사람들의 수법이 한 수 위인지라 많이들 속는다. 정당하지 못한 명예와 부를 쉽게 잡을 수 있다고 믿는 그들은 짜릿함에 젖어 있어 그 마법에서 풀려나오지 못하고 있다. 아니 풀려나길 스스로 거부한다.

참 이상하다. 한 끼의 밥을 위해 땀 흘리는 허름한 사람들은 참말을 거짓말처럼 어눌하게 하고, 막대한 권력을 쥔 위정자들은 거짓말을 참말같이 술술 잘한다. 당의정으로 감싸도 약의 본질을 알아보는 혜안이 필요하듯, 난무하는 허위 속에서 참을 골라내는 지혜가 필요하다. 그런데 마치 까만 안경이라도 쓴 것처럼 주위가 까맣게 보이니 그 속에서 참을 고르는 일은 쉽지 않다.

생인손

간밤부터 내리기 시작한 비가 종일 그칠 줄을 모른다. 때 이른 봄비에 진눈깨비마저 섞여 있어 더 을씨년스럽다. 남동생이 갔다. 평생을 그림자 속에서 살다 간 동생이다. 사진 속의 동생을 자세히 본다. 세월의 흔적이 마른 얼굴과 초췌한 표정에서 묻어난다.

유리벽을 사이에 두고 마주 선다. 그는 한 줌의 재가 되기 위해서 저쪽에, 우린 혈육을 보내기 위해 이쪽에 서 있다. 이쪽과 저쪽, 산 자와 죽은 자의 거리는 십여 보도 안 된다. 관이 화로의 레일 위에 올려진다. 유리창을 통해서 그의 마지막 모습을 본다. '화장중'이라는 자막이 뜨며 이내 커튼이 드리워진다. 동생의 비틀거린 생애를 마감하는 불길이 인다. 이승에서 잠깐의 머무름조차 허락하지 않고 산 사람들은 죽은 자의 길을 재촉한다.

동생은 어린이날에 태어났다. 출산을 도운 산파는 자신이 받은 아기들 중에서 제일 실하고 잘생긴 놈이라고, 앞으로 큰 재목이 될 거라며 여간 흐뭇해하지 않았다.

주위의 넘치는 기대가 너무 컸나, 동생의 삶은 산파의 예견과는 달리 초반부터 흔들렸다. 자리를 잡지 못하고 서성거렸다. 방황하는 그에게 많은 사람들이 조언과 도움을 주었지만 정작 본인은 겉돌았다. 숨을 곳을 찾은 것이 알코올이었다. 그가 알코올에 의지하는 시간이 길수록 가족들의 고통도 깊었다. 공직에 계셨던 아버지의 주선으로 몇몇 학교를 전전하면서 겨우 얻은 기사 자격증도 그의 삶에 도움이 되지 못했다. 일제 강점기에 여학교를 나오신 어머니의 자녀교육은 동생의 비틀거림으로 진한 얼룩을 남겼다. 가족회의가 수없이 열리고 방법을 모색했지만 그는 너무 멀리 가 있었다.

휘청거린 삶의 발자취는 불치의 병으로 돌아왔다. 그동안 동생은 투병 중이었다. 떠날 때를 알고 있었나 가족들이 보고 싶다며 자리를 부탁한다. 혹여 자신이 고통으로 인해 정신을 놓을까, 유언처럼 가족을 찾는다. 육신의 아픔보다 잘못 살아온 자신을 돌아볼 때, 더 아프고 고통스러웠다며 회한의 눈물을 흘린다. 그 아들 때문에 맘 편할 날이 없었던 어머니는 '어서 나아 집으로 돌아가자.'며 눈가를 훔친다. 그러나 어머니의 간절한 바람도 암을 이겨내지 못했다. '다시 태어난다면 정말 잘 살겠노라.'는 말을 남기고 동생은 갔다. 잘못 꼬인 운명의 밧줄이 죽음 앞에서 풀어지다니….

동생의 죽음에 어머니는 몸을 가누지 못하고 자리에 누우셨다. 오랜 세월 자식의 방황을 당신의 몫으로 고스란히 받은 어머니는 고통 속에서 사셨다. 어떤 좋은 소식도 어머니의 마음을 달래주지 못했다. 동생은 아프다고 잘라낼 수 없는 당신의 손가락이었다. 애증의 손가락이었다. 평생 생손을 앓으셨다. 생인손의 고통에서 풀려나는데 어머니는 왜 그렇게 가슴 아파하시나. 가슴에 멍을 들게 한 자식이지만 어미 앞서 세상을 뜨니 그 참담함은 또 하나의 멍이 되어 어머니를 아프게 한다.

걱정을 안기는 동생이 어머니의 생인손이라 생각했던 것은 나의 잘못된 셈법이었나. 어머니는 제 할 일 하는 손가락보다, 아픈 손가락 하나가 더 불쌍하고 가여웠다. 그게 어머니의 마음인데, 내가 어미가 되고 나서도 어머니의 속내를 이해하지 못했으니 그 불효함을 어찌 갚을까. 어머니의 진짜 생인손은 도움이 되지 못한 남은 손가락들의 미욱함이 아니었는지.

흔들리는 나목을 바라본다. 잎이 떨어져서 더 시려 보인다. 한때는 동생이 원망스럽고 미웠다. 그러나 흔들리며 산 본인은 얼마나 더 힘들었을까, 때 늦은 용서와 화해의 마음으로 영정 속의 동생을 본다. 밝고 건강한 모습을 보기 원했는데 이 작은 꿈도 이루지 못하고 먼저 갔다. 가슴만 아리게 해 놓고.

빈소 안이 국화 향으로 가득 찼다. 저승길이 외롭지 않게 다행히 조문객도 많다. 그래, 이 복福이라도 누려야지. 동생도 가족들의 마음을 알고 가볍게 떠나리라 믿는다. 내세의 인연에서는 아름다운 동기간으로 다시 만나자는 염원을 향불에 실어본다. 불꽃이 유난히 떨린다.

《문학미디어》 2012. 가을호

내 마음의 강둑

고모부의 부음을 들었다. 봄에는 시아버님의 상을 치렀고, 며칠 전에는 사돈어른의 장례식에 참석했다. 그러고 보니 금년에는 혈육과의 이별이 잦다. 고모부의 발인식에 맞춰 다행히 열차표를 구했다. 고모부가 계시는 부산을 향해 기차는 빗속을 쉼 없이 달린다. 며칠째 비가 온다. 장맛비다. 무섭게 쏟아 붓는다. 수없이 많은 물방울이 차창에 모였다 흩어지다 다시 모여든다. 유리창에 비친 얼굴이 크고 작은 빗방울로 얼룩진다.

시간이 많이 흘렀다. 열차는 긴 강을 끼고 달리고 있다. 강이 보이는 걸 보니 부산 가까이 왔나 보다. 강은 이번 장맛비로 넘치기 직전이었다. 제방의 위험수위를 발표하는 기자의 목소리가 다급함을 알린다. 강물은 시커멓게 변해서 흐르는 듯, 멈춘 듯 상태를 가늠하기가 어려웠다. 검붉은 몸뚱이를 희번덕거리면서 누구도 범접할 수 없는 위엄을 보인다.

강둑 너머 이쪽까지 넘보며 흐르는 강물의 도도함이 몸을 옥죄는 듯하다. 빗줄기는 더 사나워졌다. '저 강둑이 터지면, 저 강물이 넘치면 어쩌나.' 내 불안감과 달리 색색의 집과 파란 지붕의 공장들은 동화 속의 그림처럼 물 위로 여유롭게 비친다.

이런 급박한 상황이 되면 도피처를 찾는 습성이 있다. 눈을 꽉 감고 절대 뜨지 않는다. 그러다가 잠이 들기도 하고. 돌아가신 고모부를 처음 보았을 때 나는 어머니의 치마폭으로 숨고 말았다. 6 · 25 전쟁이 끝나고 우리 집을 찾아 온 고모부의 모습은 내게 두려움의 대상이었다. 지팡이에 의지하고 나타난 고모부는 한쪽 다리가 없는 상이용사였다. 귀엽다고 안아주면 거의 비명에 가까운 소리로 울어젖혔다. 통증으로 고통스러워하는 모습을 훔쳐보고 난 후에도 쉽게 다가가지를 못 했다. 채 아물지 않은 무릎의 상처는 살점이 뭉개져서 한동안 꿈속에서도 나를 괴롭혔다.

아픈 고모부를 이해한 것은 그로부터 얼마나 많은 세월이 흐른 뒤였을까.

"마, 나는 내 살아온 길에 후회는 없는 기라."

생일상을 받고 웃다가 했는지, 울다가 했는지 이런 말을 한 적이 있다. 병역을 기피하던 그 시절에 전쟁터를 누빈 고모부는 그의 성격으로 보아 부하나 동료들보다 분명 앞장섰으리라. 전쟁이 지나간 자리에 남은 건 찢어지는 가난과 무지스러움뿐이었다. 없어진 다리를 대신해서 훈장이 나왔지만, 상이용사의 편견을 넘는 데 아무런 도움이 되지 못했다. 보조기구를 자신의 다리로 인정하기까지 고모부의 삶은 전쟁보다 더한 사투였다. 차라리 전쟁터에서 죽었으면…. 달라붙는 죽음의 그림자를 용케도 뿌리쳤다.

영정 속의 고모부는 젊고 잘생긴 모습이다. 늙고 주름진 모습으로 기억되고 싶지 않았음인가. 유난히 젊어 보이는 고모부의 모습이 왠지 슬프다. 고모를 먼저 보내고 술을 부쩍 가까이했다고 사촌들이 눈시울을 적신다. 고생만 시킨 아내에 대한 회한이 겹쳐서 술을 찾았을 거라 짐작해본다. 그래도 근방에서는 제일 큰 양계장을 운영했다니 역시 우리 고모부답다.

낡았지만 평생을 같이한 의족이 고모부를 지키고 있다. 마치 강물을 막고 있는 저 강둑처럼.

고모부는 내게 아련한 아픔이면서도 다정한 분이셨다. 고모부의 듬직한 모습 위로 조금 전까지 내 몸을 죄었던 강물이 넘실댄다. 둑이 터지지 않도록 안간힘을 쏟고 있는 강둑의 처절함이 의족으로 동분서주하던 고모부와 함께 겹친다. 불편한 걸음이었지만 좌절하지 않고 산 고모부처럼 강둑도 틀림없이 강물을 막아낼 것이다. 힘들 때 나는 고모부를 생각하고 오늘 밤의 저 강둑을 기억할 것이다. 유난히 긴 장마철이다. 더 내린 비로 강물은 무섭게 불어났지만 둑은 결코 터지지 않았다. 마치 고모부가 한 발로 버티면서 견뎌 낸 인고의 세월처럼.

전쟁 후 반세기가 지났다. 고모부는 먼저 간 고모와 합장해서 국립묘지에 안장된다고 한다. 고모와 처음 만나던 그 강변길을 돌아 고모부는 가족에게 오실 것이다. 의족을 벗고, 건강했던 젊은 날처럼 두 다리로 걸어오시리라.

연鳶 줄

입술에 물집이 잡혔다. 명절을 준비한다고 며칠 돌아다녔더니 쉬라는 신호를 보낸다. 평소 호강을 한 것도 아닌데 편리한 시절을 살다 보니 엄살만 늘었는지 몸이 먼저 티를 낸다. 민망하다. 금년은 추석이 이르게 9월에 들었다. 곡식과 과일이 익으려면 적어도 시월은 되어야 하는데, 채 여물지 않은 햇과일이 수줍게 선을 보인다. 아직은 철이 아니어서 제 맛을 기대하기는 무리지만 차례 상을 준비하는 주부의 손길은 바쁘다. 내년에는 제철에 맞는 과일을 상에 올리고 싶다.

아랫녘 바람을 몰고 작은아들이 밤늦게 집을 찾아든다. 납품 날짜를 맞추기 위해 추석 전날까지 남도지역을 돌아다닌 아들의 발품이 어미의 가슴을 아프게 한다. 아들은 작은 무역회사에 다니고 있다. 무역업의 편차가 크기에 자세히는 모르지만 아들의 회사는 아직은 새내기 단계인가 보다. 근면과 성실로 기존의 업체에 도전하는 젊은 회사다. 그러다 보니 통관된 물품을 제 날짜에 납품하는 하는 것을 매우 중하게 여긴다. 어렵게 뚫은 거래처의 요구조건에 맞추다 보면 제시간에 밥을 찾아 먹기도 쉽지 않나 보다. 공무원인 제 형처럼 내근을 하는 직업으로 바꿔 보는 것이 어떠냐고 의중을 떠 본다.

아들 녀석은 "저는 훌훌 한 바퀴 돌며 세상사는 맛도 느끼고 영업성과를 내는 이 분야가 재미있어요." 하며 어미의 걱정을 덜어 준다. 어느 직업인들 편하고 쉬운 것이 있겠는가. 직업의 어려움을 이해 못하는 것은 아니지만 추석 전날까지 일에 매달리니 마음에 걸린다. 자영업을 하는 남편도 쉬지 못하고 일을 한 것은 마찬가지인데 아들이 안쓰럽게 느껴지는 것은 어미의 마음이라 그런가 보다.

추울 때는 따뜻한 곳에서, 더울 때는 시원한 곳에서 일을 하기를 바라는 것은 모든 엄마들의 욕심이다. 일이란 원래 놀이와 달라 눈물과 땀을 요구하지 않는가. 인내와 열정이 없으면 일을 하기가 어렵다. 취업하기 위해 애쓰는 젊은이를 보면 내 아들, 네 아들 가리지 않고 안쓰럽다. 전문가들은 내년에도 세계 경제의 전망이 어둡다고 하는데 가장家長에 아비노릇까지 하려면 얼마나 더 발에서 땀이 나야 할까. 그래도 곤한 중에 낙이 있음을 느낀다면 그 맛은 얼마나 소중하고 달콤할까. 아들도 그 달콤함을 맛보길 기대한다.

잘 만든 우량품의 소비재도 고객을 찾지 못하면 재고로 쌓인다. 거래처 확보를 위해 도전하는 작은아들의 생각이 옳은지 모르겠다. 안성맞춤의 기계부품보다 꿈틀대는 생명체를 키우려는 도전정신으로 새 길을 찾고 발자취를 내는 아들을 보면서 마음을 바꾼다. 너는 어미의 걱정이면서 자랑이라고.

공중에 나는 연을 부러워했다. 어린 시절 멀리 날아가는 연을 보며 박수를 치곤했다. 얼레를 돌려 연을 띄웠듯이 이젠 세찬 바람 속으로 너를 띄워 보낸다. 거침없이 털고 날아라. 그리고 세상이 얼마나 넓고 큰지 바라보아라. 날개가 다칠까봐 독수리를 새장에 가둔다는 것이 엄마의 어리석은 생각이었음을 알려다오. 바람결이 세차다. 힘차게 얼레를 돌린다. 연줄이 탱탱하다. 이쯤에서 연鳶 줄을 놓아야 한다.

줄은 놓되 녀석과 나의 연緣 줄은 놓지 않으리라. 아들보다 한 발 먼저 휴가를 낸 며느리가 만들어 놓은 송편이 연을 닮았다. 가오리연, 방패연, 반달연, 까치날개연, 연도 종류가 많지만 며느리가 만든 것은 송편연이다.

작은아들은 귀성객이 몰리면 힘들다고 여장을 제대로 풀지 못하고 추석 당일로 떠났다. 그가 떠난 방문을 열어본다. 아직도 아들의 체취가 배어 있다. 뻐근함이 가슴을 짓누른다. 녀석, 사는 게 뭐라고, 연鳶 줄은 놓았는데…. 왜 화가 나지.

민낯

오늘, 관리원 아주머니를 만나지 않았다면 이번 일을 그냥 넘겨버렸을 거다. 단단히 각오를 한 듯 아침부터 주민들을 기다리고 있던 그녀는 개 때문에 아파트 안이 온통 개털 투성이라고 울상을 짓는다. 그녀가 그동안 모아서 보여주는 개털은 제법 한 줌이나 된다.

아래층 주민의 애완견 이야기다. 환절기다 보니 개의 털갈이가 심한 데다 운동시킨다고 두어 차례씩 나들이를 시키다 보니 출입구 쪽으로 털이 많이 모였단다. 출입문을 타고 개털이 위아래 층으로 날리지 말라는 법이 없지 않느냐며 주민들의 관심을 촉구한다.

서로에게 폐가 되지 않는 한 자유롭게 살자는 것이 우리 주민들의 생각이다. 나 역시 항상 깨끗하게 청소된 아파트라 생각했지 이렇게 개털이 날리고 있는지는 몰랐다. 아주머니의 발설로 사연을 알게 된 주민들의 의견이 분분하다. 무엇보다도 개털이 위생문제에 영향이 있음을 동감했다. 긴 털이 온몸을 감싼 그 개와 맞닥쳐서 놀랐던 주민의 말도 이어졌다.

상황을 설명하고 개 출입을 자제시켜달라고 전할까, 우리들은 급한 대로 우선 동 대표와 관리소직원이 방문해서 불편함을 전달하기로 했다. 적어도 그런 상식과 도덕심은 주민으로서 있으리라 기대하면서. 혹시 미안하다고 대자보라도 크게 붙이면, 우리가 너무 소란을 피운 게 아닌지 걱정까지 하면서 헤어졌다.

그런데 돌아온 답은 뜻밖이다. 자기네 개는 털이 그렇게 많이 빠지지 않는 종이며 설령 털이 빠진다 해도 주인인 자기가 더 먹지 않겠냐는 황당하고 억지스런 답이 돌아왔다.

전혀 예상하지 못한 개주인의 말을 듣고 모두들 당황했다. 주민들이 직접 민원을 넣자는 등, 화를 새기지 못하고 부글거린다. 그러나 직접 개주인과 설전할 용기를 내지 못한 채 누구도 고양이 목에 방울을 달겠다고 나서질 않는다. 우린 비겁했고 개주인은 비겁자들에게 냉소를 지었다.

며칠 전, 개의 안주인을 보았다. 잘 차려입고 얼굴의 화장도 대단하다. 화장에 공을 들인 시간을 느낄 수 있다. 그러나 감정이 좋지 않아서인가, 전혀 예뻐 보이질 않는다. 화장품이나 화장술로 보완

하지 못하는 것이 내면인가 보다.

여자들은 자신의 취향대로 화장을 한다. 화장한 얼굴은 그 사람의 생각이 묻어 있는 것 같아 가끔 얼굴을 살핀다. 갓 세수를 끝내고 머리칼에 물방울이 묻어 있는 예닐곱 살 계집아이의 얼굴은 젖내 같은 상큼함을 풍긴다. 한 듯 안 한 듯 화장수로 촉촉함이 묻어나는 스무 살 아가씨의 맑은 피부는 보는 것만으로도 기분이 좋지만 때론 소녀티를 채 벗지 않은 여자아이의 진한 화장을 보면 왠지 불안하다. 결점을 보완하거나 예쁘게 보이고 싶어 하는 화장이지만, 화장하지 않은 얼굴이 더 예쁠 때가 있다. 민낯의 순수함 때문이라 생각된다. 콧잔등에 약간의 주근깨가 있고, 눈 밑에 옅은 기미 자국이라도 살짝 보이면 감추지 않은 진솔함에 손이라도 잡고 싶은 친근감을 느낀다.

언젠가 시댁 창고 안을 정리하면서 뽀얀 먼지가 앉은 유리병을 발견했다. 대대로 집안에 내려온 물건이라 유행과는 거리가 멀고 방치되어 안의 물체를 분별하기가 어려웠다. 닦지 않은 유리병과 두껍게 화장한 개의 주인이 오버랩 된다. 유리병이야 내 손으로 닦으면 되지만, 그녀는 난공불락이다.

학교를 졸업하고 화장품가게에서 처음으로 산 것이 립스틱이었다. 빨간 립스틱을 바르고 부끄러워 얼른 지워버렸다. 나 같지 않은 내 모습에 내가 놀란 탓이리라. 이젠 화장을 지우고 싶다. 내가 '나' 로 보이는 민낯을 갖고 싶다. 아래층 그녀의 민낯을 기대하는 것은 아마도 무리이겠지만. 혹시 누가 아나, 그녀도 변하고 있는지.

3부

유연하고 멋진 지느러미가 보기 좋다. 유쾌함은 전염이 빠른지 갑자기 내 옆구리가 스멀거린다. 길고 우아한 지느러미가 길게 솟는다. 나 역시 금붕어를 따라 유영을 시작한다. 냉동의 순간을 견디고, 살기 위해 파닥거렸던 그의 생명력이 빛난다. 여유로움이 느껴진다.

아직도 그대는 내 사랑

참 어처구니가 없다. 중년의 나이를 한창때인 줄 아는 나의 어리석음에 대하여. 감기몸살로 한 달여를 앓았다. 나을 만하면 갑갑하다고 수영장을 찾다 보니 찬물에 이내 감기가 도져 콧물이 주루룩 흐른다. 목은 또 얼마나 아픈가. 바이러스도 세월 따라 약아지고 독해지는지 사람을 꼼짝 못하게 한다. 손끝부터 아프더니 전신으로 퍼진다. 밤새 끙끙 앓는 소리를 내고 기침이 잦다. 떨어진 면역력만큼이나 차도가 없다. 입맛이 떨어지니 그 증상이 의욕상실로 나타난다. 도시 모든 게 귀찮기만 하다.

평소 '입맛 없으면 밥맛으로, 밥맛 없으면 입맛으로'라는 말을 농담처럼 했는데 이 얼마나 가볍고 무책임한 말인가. 혀의 가벼움에 화가 치민다. 빈속에 약만 먹을 수는 없고, 따끈한 콩나물국이라도 먹으면 좀 나을까. 마음은 있는데 행동이 따르지 않는다. 나 먹겠다고 콩나물을 다듬어 국을 끓이는 일이 이렇게 힘든지 몰랐다. 무리다. 뭐라도 먹어야 한다는 생각에 억지로 몸을 일으켰다. 평소보다 양념도 더 넣었지만 몇 술 뜨지 못했다. 도시 맛을 모르겠다.

옛날 어른들이 밥이 보약이라며 아플수록 잘 먹어야 한다고 하는데, 입 안이 쓰기만 하다. 꼬르륵거리는 뱃속이 고픈 건지 아픈 건지 감을 잡을 수는 없지만 고픈 거라고 진단을 내렸다. 살려면 음식을 먹어야 한다. 그동안에 먹었던 음식을 떠올려본다.

TV화면에 영화배우 황정민이 땀을 흘리며 짬뽕을 맛있게 먹고 있다. 갑자기 식욕이 동한다. 그래 황정민이 먹는 저 짬뽕을 먹고 땀을 푹 내야지. 그걸 먹으면 입맛을 좀 찾을 것 같다.

짬뽕을 생각하니 잠시 처녀시절로 돌아간다. 일요일 오후가 되면 아버지께서는 내 직장이 있는 부안으로 돌아갈 것을 권하신다. 편히 쉬고 월요일 아침에 차분하게 출근하라고. 현직에 계시는 아버지는 딸의 근무태도에도 깐깐하셨다. 그러나 모처럼 만난 친구들과 수다를 떨다 보면 금쪽같은 일요일이 잠깐 새다. 결국 아버지가 걱정했던 월요일 새벽에 버스를 탄다. 오전 수업을 마치면 허기가 져서 눈에 어른거리는 것은 먹는 것뿐이다. 아버지 말을 듣지 않은 대가다.

빠른 음식에는 역시 철가방이다. 자장면이 머릿속을 지나가지만 주문은 짬뽕이다. 바다를 끼고 있어 해산물이 풍부한 부안이다. 그곳 짬뽕은 인공 조미료를 넣지 않고 해산물로 맛을 내기로 소문이 난 중국식당의 대표상품이다. 염치 불구하고 빨리 가져오라는 추가주문은 아침을 거른 여선생들의 애교임을 주인은 잘 알고 있다.

손으로 탕탕 쳐서 만든 쫄깃한 면발에 갖가지 해산물과 싱싱한 갑오징어를 모양내어 듬뿍 얹고, 홍합, 조개류 양파 대파 등등 고명이 수북한 데다 간을 어찌 그리 잘 맞추는지, 짜지도 싱겁지도 않은 얼큰한 짬뽕이 뜨거운 김을 내며 책상 위에 대령한다. 아…, 그 짬뽕을 한 그릇 먹으면 이 지독한 몸살감기가 뚝 떨어질 것 같다.

힘을 내자. 그 맛을 찾아서. 그러나 공장에서 나온 황정민 짬뽕은 내 기대와 달리 규격화된 패스트푸드의 맛으로 그릇을 채운다. 서운해 하는 나를 인근의 소문난 집의 짬뽕으로 달래주려고 가족들이 서두르지만 그것 역시 황정민 짬뽕과 별반 다르지 않았다. 근해에서 잡히는 해산물이 적고 비싸서 거의 수입 산을 쓴다니 요즘의 짬뽕 맛을 탓할 생각은 없지만 아쉬움이 크다.

세월이 흘러 모든 것이 발달하고 진화하는데 음식만큼은 옛것이 더 맛있다. 패스트푸드는 말할 것도 없고 퓨전음식이라고 나온 것도 먹어 보면 이 맛도 저 맛도 아닌 경우가 많다. 그런 날은 슬며시 화가 난다. 나이 탓인지 점점 어릴 때 먹은 음식을 찾게 된다. 첫

숟가락의 밥맛이 첫사랑처럼 오래도록 남아 새로운 음식에 길들이기가 쉽지 않다.

짬뽕을 맛있게 먹었던 추억만으로도 침이 고인다. 맛있는 짬뽕은 못 먹었지만 그래도 한 가지 위안은 얻었다. 감기에 시달리던 내가 자리를 털고 일어나는 계기가 되었으니. 건강하고 씩씩했던 내 젊은 날의 입맛을 사로잡은 부안의 수타 짬뽕, 그대는 아직도 내 사랑이다.

과속방지턱

평소 가깝게 지내던 분이 쓰러졌다. 내 일처럼 마음이 급하다. 그가 입원한 병원으로 달려간다. 새벽인 데다 교통정체가 풀려서 한껏 속력을 냈다. '덜커더덩' 느닷없이 차가 위로 떴다 제 속력을 이기지 못하고 몸살을 친다. 과속방지턱을 과속으로 넘다 일이 생겼다. 큰 사고로 이어지진 않았지만 운전대에 부딪친 가슴팍이 뻐근하다.

중환자실에서 그를 본다. 누구보다도 치열하게 살아온 이다. 우리 시대의 젊은이가 겪어야 했던 성장통을 혼자서 짊어졌다. 지고 온 세월의 무게가 무거웠는지 여러 개의 호스가 의식 없는 그의 몸을 받치고 있다. 뚜뚜거리는 신호음이 숨소리를 대신한다. 긴 침묵이 흐른다. 눈시울이 붉어진다. 손가락 하나 움직이지 못하는 그를 두고 나온다.

병원 내의 자판기는 미지근하고 밍밍한 커피로 종이컵을 채운다. 맛이라도 그럴라치면 따끈하기라도 하든지…. 메워지지 않는 공허함이 컵 안을 채운다.

그때, 찬바람이 휙 주위를 스친다. 빠른 걸음으로 층계를 오르는 사람들. 포승줄에 묶인 두 명의 남자와 그들을 감시하는 대여섯 명의 남자들이 몰고 온 냉기다. 남을 의식하지 않는 듯, 아니 더 의식한 듯 잠시 스친 청색 수의의 남자는 모자와 마스크로 얼굴을 반 넘게 가렸고, 한 사람은 얼굴을 드러낸 상태다.

감시하는 사람들이 무전기와 핸드폰을 두어 개씩 쥐고 있는 걸로 보아 두 사람의 죄가 예사롭지 않아 보인다. 멀찍이 서 있는 상관은 모든 사람들을 한눈에 넣고 통제한다. 사람들은 애써 못 본 척하지만 순식간에 말소리가 잦아진다. 가뜩이나 언짢았던 마음이 다시 파장을 일으킨다. 무슨 죄를 저질렀기에 병원을 묶여서 오는지. 이른 아침 우연찮게 여러 사람을 본다.

탁한 청색이 주는 이질감이 쉽게 가라앉지를 않는다. 두 부류의 사람이 엇갈린다. 중환자실의 지인과 포승줄에 묶인 남자들. 분명 의미도 다르고 처지도 다르지만, 서글프게도 그들은 육신을 자의로 움직이지 못하는 처지가 되었다. 육신의 아픔으로 움직이지 못하는 지인과, 범법자가 되어 육신이 묶여 있는 남자들을 본 오늘 아침, 나는 퍽 우울하다.

사람들은 건강하고 안락한 삶을 지향한다. 그러나 뜻대로 되지 않을 때가 많다. 급할수록, 원하는 것이 많을수록, 생각과 행동은 과속의 질주를 한다. 과속방지턱은 귀찮은 존재일 뿐이다. 욕망의 블랙홀은 거대한 흡인력으로 사람들을 빨아들인다. 안전지대를 건너뛴다. 날개가 꺾여 추락의 순간을 알았을 때는 이미 제어능력을 상실한 뒤다. 지인은 건강을, 수의囚衣의 남자들은 법의 준수라는 방지턱을 넘지 못했다.

지인과 이곳에서 본 수인을 위해서 기도하겠다. 의지대로 돌아다닐 수 있는 내가 그들에게 줄 수 있는 선물이기에. 기도하고 믿고 매달릴 데가 있다는 생각을 하니 울적함이 좀 가신다. 기도할 수 있음에 나 자신이 먼저 위안을 받는다.

커피의 온도가 낮다면서도 습관적으로 자판기 버튼을 누른다. 과속의 유혹을 뿌리치지 못하는 것처럼. 내 삶의 곳곳에도 과속방지턱이 있었음을 젊은 시절에는 몰랐다. 열정과 도전이 젊은이의 패기라 생각했다. 과욕의 무리수는 결국 마음을 상하고 끝이 난 적이 많았다. 분수를 알고, 멈출 줄 알고, 만족할 줄 아는 것이 삶의 과속을 방지하는 턱이었음을 깨닫는다.

병원로비에는 많은 사람들이 분주히 움직인다. 그들의 바쁜 발걸음에 편승해서 나도 하루를 시작한다. 경황이 없어 느끼지 못했던 가슴팍의 통증이 신경을 건드린다. 그만하기 다행이라 생각하며 주의 깊게 살피지 못한 경고라 받아들인다. 커브가 많은 도로일수록 방지턱이 많다. 원심력과 구심력이 팽팽하게 운전대를 조인다. 생이 끝나지 않았기에 군데군데 삶의 방지턱이 있으리라 가늠한다. 조심해서 넘으리라. 노란 보호색이 아침 햇살에 선명함을 더 한다. 브레이크에 발을 얹는다.

고리

'툭' 급하게 당기는 바람에 줄이 끊어졌다. 꽤 많은 구슬이 한순간에 댕그르르 방바닥에 흩어진다. 이미 구석진 곳으로 굴러간 것도, 아직은 손바닥에 온기를 남기는 것도, 조금 전까지 내 목을 감쌌던 목걸이의 일부다. 조심성 없는 자신이 한심스러워 망연히 바라보다 구슬 하나를 집어 들었다. 그동안 별 생각 없이 착용했는데 자세히 보니 새롭다. 영롱한 구슬은 환상적인 무늬를 제 몸속에 감추고 있다.

알알의 구슬과 끊어진 줄을 보니 마치 내 몸의 일부인 양 편치 않다. 원래의 모습으로 되돌릴 수는 없을까. 가구 밑을 훑어보지만 결국 몇 알은 잡히지 않는다. 아쉬운 대로 꿰어서 목에 대본다. 작은 알 몇 개 빠졌는데 길이가 짧아졌다. 너무 바투다.

밤낮이 없는 공항에는 흩어 놓은 구슬처럼 사람들이 이곳저곳으로 모였다 분산되기를 반복한다. 분주함으로 활기가 넘친다. 입국 수속을 마친 사람들이 짐을 찾기 위해 수화물 벨트 앞으로 우 몰린다. 나 역시 바쁜 발걸음이다. 이때 큼직한 카트가 바싹 곁에 붙는다. 붙는 것이 아니라 아예 옆구리를 친다. 카트 조작에 익숙하지 않은 남자가 미안한 듯 당황한 미소를 보낸다. 말이 미소지 애매한 표정으로 고의가 아님을 표시한다. 깡마른 몸집에 얼굴까지 까매서 체신이 유독 작아 보인다.

순서대로 짐도 찾고, 커피도 마셨다. 탑승한 버스 안은 좌석도 널찍하고 통로도 넓다. 비행기에서 못한 호강을 늦게나마 누린다.

얼마나 달렸을까. 주위를 돌아보니 앞자리에는 젊은 부부가 아이를 안고 있고 피부가 까만 남자가 창가 쪽에 앉아 있다. 유난히 마른 옆모습이 본 듯하다. 어디서 봤을까….

한동안 말이 없던 세 사람이 서로 웃음을 보낸다. 웃음의 발단은 갓난아기였다. 잠을 깬 아기가 힘든지 울기 시작하자 아기엄마가 조심스레 추스른다. 그래도 아기가 쉬 그치지 않자 과감하게 윗옷을 올린다. 요즘 모유수유가 흔하지 않은데 대견하다. 살짝 보이는 속살이 앳되다. 젖을 먹는 아기를 까만 얼굴의 남자가 흐뭇하게 바라본다. 갓난아기에게 웃음을 보내는 저 남자는 이들과 어떤 사이일까. 세 사람에게서 닮은 점이나 공통점을 찾지 못한 채 지켜보았다.

의문은 잠시 뒤, 풀렸다. 한국 총각이 베트남 아가씨와 연을 맺었고 남자는 친정아버지였다. 한국에 처음 오는 아버지를 위해 마중을 나왔고, 지금 딸이 살고 있는 고장으로 가는 중이다. 아, 공항에서 스쳤던 그 남자구나. 카트를 잘못 조작해 당황해 하던 모습과는 비교할 수 없을 만큼 안정돼 보인다. 남자의 얼굴에 퍼지는 미소는 따뜻했다. 아기를 중심으로 나누는 그들의 눈길이 나까지 흐뭇하게 만든다. 만일 아기가 없어도 저 세 사람은 지금처럼 가족으로 쉽게 결속될 수 있을까. 타국으로 시집보낸 어린 딸은 안쓰럽고, 외국인 사위는 많이 낯설 거다. 딸을 찾아오는 긴 시간 동안 불안함과 설렘이 교차했겠지.

아이의 머리를 어루만지는 아빠, 젖을 물리고 있는 엄마, 그들을 사랑의 눈길로 바라보는 외할아버지, 그 속에서 포근히 잠든 아기, 하나하나가 다 소중한 구슬이다. 내가 찾으려고 애썼던 구슬에 감히 비교할 수 없을 만큼, 그들은 혈연의 구슬들이다. 그 소중한 인연의 구슬을 아기가 중심이 되어 더 탄탄해 보인다.

그동안 챙기지 못하고 한쪽에 놓아 둔 구슬이 생각났다. 목걸이를 다시 만들고 싶다. 분실된 것과 같은 것을 찾는데 들인 시간은 차라리 새 목걸이를 구입하는 편이 낫겠다는 생각까지 들었지만, 그 익숙함을 지울 수가 없었다. 다행히 구슬의 개수가 다 채워졌다. 모양도 색상도 그런대로 맘에 든다. 살살 잡아당겨 실과 구슬의 균형을 맞춘다. 꿰어 놓은 구슬 줄의 양 끝을 잇는 일만 남았다. 튼튼한 고리가 필요하다.

목걸이 형태를 갖추니 나이 탓인지 쓸데없는 걱정이 슬며시 끼어든다. 목걸이든 가족이든 나처럼 과하게 당겨 줄이 끊어지는 일이 없도록 서로 배려하라고. 끊어진 목걸이를 잇는 일도 어려운데, 하물며 가족 관계는 더 어렵지 않을까 싶어서.

한랭전선 물러나다

꽤 뜻이 맞는 친구가 있다. 단 지독한 동물사랑병만 고친다면 함께 여행을 떠나도 괜찮겠다는 생각을 한다. 그녀는 다섯 마리의 애완견을 키우고 있는데, 같이 식사를 하다 보면 남는 음식뿐만 아니라 먹을 만한 것도 서슴없이 애완견 먹이통에 붓는다. 시중에 나와 있는 사료도 많건만 그녀의 잔반 욕심은 아무도 못 말린다.

천만 명의 국민이 애완동물을 키운다고 한다. 그 숫자가 우선 놀랍다. 아홉 명의 동질감도 존중받지만 한 명이 갖는 이질감도 존재하는 것이 사람의 일이다. 여러 가지 이유로 사람들이 애완동물에게 정을 붙이는데 나는 예외다. 좀 더 심하게 말하면 동물기피증을 갖고 있다.

어릴 때 일이다. 초등학생 때인가. 그날 따라 집으로 가는 골목 안이 호젓했다. 그때 어디선가 개 한 마리가 어슬렁거리며 나타났다. 어린 맘에 무서웠다. 개를 피해서 달아난다는 것이 위협으로 느껴졌는지, 아님 어린애라고 얕보았는지 개가 줄기차게 따라 붙었다. 겁에 질려 달아났지만 결국 물리고 말았다. 동물과 나의 관계는 정강이에 물든 붉은 피로 시작되었다. 미친개에 물렸으면 큰일이라는 어른들의 걱정과 더불어 광견병에 걸리지 않았다는 검사결과가 나올 때까지 거의 죽을지도 모른다는 공포에 시달렸다. 결국 동물에 대한 트라우마를 남겼다.

혹자는 '인정 없는 사람이 동물을 사랑하지 않는다.'고 한다. 정말 인정이 없어서일까. 좀체 방안에서 개나 고양이를 키워 볼 엄두를 내지 못했다. 요즈음은 악어, 뱀, 개미핥기, 하늘다람쥐, 별별 동물을 키우는 사람들이 많다. 희귀할수록 가격도 천정부지란다. 진정한 의미로 애호가 아니라 학대라고 항변하고 싶지만 목구멍에서 맴돈다.

가축으로 키우는 것은 이해가 되지만 품에서 키우는 애완용은 내키지 않는다. 동물의 털 날림이나 특유의 냄새도 마땅치 않은데 더 정확한 것은 동물은 원래 그들의 환경에서 살아야 한다는 것이 내 생각이다. 가끔 엽기적으로 내박쳐진 동물이 사회 문제로 대두된다. 이럴 때 자신 있게 한마디 한다. '적어도 나는 동물을 키우다 유기하지는 않았다.'고 친구는 애완견을 넘어 반려견이라며 고액의 미용비와 호텔비와 의료비를 지불하면서 극진히 보살핀다. 한번만 키워보면 자신의 마음을 알 것이라며 분양의사를 보이지만 정중히 사양한다.

그런 내게 우연처럼 다가온 작은 인연이 생겼다.

진달래 꽃잎이 나풀거리는 봄날이다. 봄날이 간다. 좋은 날이 아쉬운 건 그런 날이 짧기 때문이다. 도시의 번다함에 피곤이 몰리면 인근의 밭을 찾는다. 밭에는 조촐한 농막이 주인을 기다린다. 주인은 나를 비롯 여럿이다. 봄날에는 산새들이 주인이고, 여름에는 자지러지게 우는 매미가 농막을 지키고, 겨울에는 먹이를 찾아내려온 산짐승이 주인인 양 발자귀를 남긴다.

농막의 좁은 데크에 발을 딛는 순간 깜짝 놀랐다. 제법 큰 얼룩고양이가 나를 빤히 쳐다보고 있지 않은가. '쉬이 쉬이' 달아나라고 손짓을 했다. 어미든 새끼든 동물과 마주치는 것은 어른이 된 지금도 부담스럽다. 아니 은근히 겁까지 먹고 있다.

"야옹야옹" 고양이는 움찔하더니 꼼짝도 안 한다. 제발 비켜달라는 내 말을 들은 척도 안 한다. 동물의 민감함이나 조심성이 보이질 않는다. 살펴보니 고양이는 거의 기진한 상태로 자신의 허기를 알리며 가느다란 눈을 슬며시 감다가 본능인지 나를 살핀다. 동물을 키워 본 적이 없는 내 눈에도 상황이 읽혀진다.

두부부침, 빵, 계란을 주니 좀체 입을 대지 않는다. 참치 캔이 생각난 것은 조금 뒤였다. 당황한 탓에 고양이가 육식동물이란 것을 잊었다. 날렵한 몸매로 낡은 기와지붕 위를 넘나들며 속내를 알 수 없는 오묘한 눈빛과 발톱은 당장이라도 목표물을 향해 달려드는 공격성을 가졌다고 생각했었는데, 얌전하게 음식물을 먹는 고양이를 지켜보며 동물의 눈빛이 이렇게 순할 수도 있다는 것을 봤다.

접시를 비운 고양이가 버겁게 몸을 일으킨다. 배가 볼록하다. 제 몸 건사하기에도 힘든 어미 고양이의 무거운 몸짓이다. 아, 새끼를 뱄구나. 생명의 존엄과 연민의 정이 교차한다. 이런 교감들이 있어 사람들이 애완동물과 정을 나누면서 사나 보다.

잠깐이지만 울림이 컸다. 침묵의 시간은 그리 길지 않았다. 정은 주지 않으면서 날카로운 폭력만 기억했던 지난날의 흔적을 어루만진다. 동물에 대한 방어선, 한랭전선이 무너짐을 감지한다. 고양이를 보는 눈길이 한결 부드럽다. 곁에서 숨을 몰아쉬던 그가 슬며시 몸을 감춘다. 볼록한 복부가 눈에 밟힌다. 내일은 어쩌지.

사람이 봄나물인 걸

신랑감이 대전 사람이라고 했을 때, 왠지 싫지 않았다. 학창시절, 수학여행을 가며 스쳐 지나간 것이 전부인데. 사람의 인연은 생각지 않은 곳에서 이어진다.

대전에 살면서 유성의 5일장을 이용한다. 사람들도 나처럼 이런 장을 좋아하는지 장날은 사람들로 북적거린다. 올망졸망 펼쳐놓는 촌로들의 보퉁이를 보면 친정집 선물 같은 착각에 빠지기도 하고, 보퉁이 속을 들여다보고픈 호기심도 든다.

까다로운 봄 날씨다. 햇빛은 따사롭지만 바람이 잔뜩 심술을 부린다. 매서운 바람 끝이 사람 품속을 파고들더니 이내 장마당을 훑는다. 부연 마른 먼지가 장터를 휘젓는다. 사람냄새 흙냄새가 진동한다.

버스가 겨우 비켜가는 32번 국도의 폭은 좁디좁다. 운전기사가 자칫 한눈이라도 팔면 차도에 반쯤 엉덩이를 걸친 할머니들의 생명을 위협할 수 있다. 곡예하듯 자동차와 사람이 도로에 흩어져 성시를 이룬다. 불안하고 안쓰러운데 사방에 눈이라도 붙은 듯 다행히 사고 났다는 말은 듣지 못했다.

겨울을 넘긴 씨감자, 겨우 형태를 띤 어린 쑥, 돌나물, 머위나물을 비롯하여 햇나물, 묵은 나물, 말린 지네, 약초며 각종 농기구 등 종류를 헤아리기가 어렵다. 그런가 하면 손바닥만 한 플레이어에서 최신유행가를 뽑아내며 장터의 흥을 돋운다.

이른 봄이라 갓 뜯어 온 쑥이 시선을 잡는다. 허리가 굽은 할머니가 앉아 있는 것을 보니 주인인가 보다. 성큼 두 바구니를 가리켰다. 덤을 좀 얹어 주는 것이 유성장의 인심인데, 별 관심이 없다. 덤을 좀 달라는 내 말에 할머니는 자기 쑥이 아니어서 마음대로 못한다고 한다.

"할머니 것은 어떤 거예요?"

바로 곁에 있는 바구니를 가리킨다. 그럼 할머니 것을 팔라는 내 말에

"그래도 손님이 처음 고른 것이 옆의 것인디…." 하며 주저거린다.

자리를 비운 주인은 어디를 갔는지 돌아올 기색이 없다. 얼마든지 자신의 물건을 팔아도 되는데 망설인다. 경쟁자이면서 동업자이고 친구 사이인 할머니가 망설인 것은 적어도 옆집 손님을 뺏지 않으려는 그녀의 상도의였다.

햇볕에 그을려 까매진 할머니 얼굴을 쳐다보았다. 값이 몇 천 원밖에 되지 않아서일까, 그런 것 같진 않다. 인지상정으로. 이 할머니의 양심으로는 몇만 원 몇십만 원이라도 흔들릴 것 같지 않다. 내가 할머니의 경우라면 서렇게 할 수 있을까….

그런데 며칠 전에도 오늘처럼 신선한 감동을 받았다.

주행 중, 신호등이 바뀌어 차들이 멈췄다. 앞차 운전자가 흡연 중이었나, 담배를 든 손을 창가에 걸친다. 불을 보듯 뻔하다. 대부분의 운전자가 차창에 팔을 내밀고, 그러다가 피우던 담배를 도로에 버리고 유유히 출발하니까. 쳐다보지 않는 것이 상수다. 저 담배꽁초도 조금 후 창밖으로 던져질 것이므로.

신호등이 바뀐다. 이젠 버릴 때가 됐는데…. 그런데 이게 웬일인가. 담배를 든 손을 곧장 거둔다. 순간 내가 당황했다. 당연한 일이 당연시 되지 않는 사회에 너무 익숙한 나머지 지레짐작으로 운전자를 평가하고 있었다.

그동안 우리 모두 염치없이 살았다. 질서를 지키는 기본정신은 아예 안중에 두지 않았다. 배려의 미덕은 너를 위해 비워두는 나의 작은 여유인데. 여유의 공간을 갖지 못했다.

옳고 그름을 주관적인 이기심으로 판단하는 세상이다 보니 가끔 무례한 사람 때문에 큰 소리가 난다. 대체로 주위에 침묵하려고 하지만, 잘못된 일을 못 본 척하는 것 또한 쉬운 일은 아니었다.

봄비처럼 상큼하게 다가 온 이웃들이다. 굳었던 마음이 풀린다. 척박한 땅에서도 봄나물이 움트듯, 고단한 삶의 현장에서도 사람들은 사람답게 살려고 애쓰고 있다. 꽃보다 사람이 아름다운 이유다. 배려하고 신의를 지키는 것이 전혀 자랑할 것도 감동을 받을 것도 아닌데 그런 일을 본 것만으로도 한동안 흐뭇했다.

햇나물을 입에 물면 과하지 않은 향이 오래도록 머문다. 나를 당황시킨 그 운전자는 햇나물처럼 상큼했고, 우직하게 신의를 지킨 할머니는 겨울을 버티고 나온 묵나물처럼 듬직하게 느껴졌다.

햇나물과 묵나물을 한꺼번에 맛본 기분이 이런 걸까. 나도 누군가에 풋풋한 나물이 되어 향기를 남기고 싶다. 이 봄날에.

마트로슈카

뒤뚱거리는 걸음새로 어미 꿩 한 마리가 부지런히 밭고랑을 가로지른다. 조금 뒤, 어미의 신호를 받은 듯, 새끼들이 아장거리며 한 줄로 나타난다. 종종거리는 모습이 귀여운데, 녀석들은 거의 필사적이다. 한편에서 가슴 졸이며 새끼들의 이동을 지켜볼 어미 꿩의 모성에 별 다섯 개를 준다.

외국인 가족나들이를 보았다. 세 명의 자녀를, 한 명은 아빠가 업고, 큰애는 걸리고 작은아이는 엄마가 손을 잡았는데 조만간 그 집 식구가 하나 더 늘 것 같다. 엄마의 둥그런 뱃속에 귀여운 아기가 자라고 있음이 눈에 띄니. 서양에서는 일찍이 핵가족화 되어 부부위주이거나 자녀가 한두 명이라는데 이 가족은 예외였다.

우리 친정은 형제자매가 여덟 명이다. 두 살, 세 살 터울로 이어졌으니 식사 때는 어지간한 소대 수준이다. 내 위로 언니와 오빠가 있는데 옷은 주로 언니 것을 받아 입었다. 그런데 이 옷이 말썽이었다. 언니가 입고 난 뒤라 내가 물려받을 때는 거의 중고품 수준이었다. 문제는 이 옷이 내 손에 들어오면서 확실한 노후 징후를 보였다. 단추가 떨어지거나 단이 뜯어지거나, 아무튼 손질이 필요했고 심하면 구멍도 났다. 어머니는 그럴 때마다 "얘 손은 가시가 달렸나?" 하시면서 바늘을 찾는다. 사실 억울한건 나였다. "헌옷이 떨어지지 않고 그럼 배겨낼 재간이 있나요." 야물게 대꾸도 해보지만 별 방법은 없다. 새 옷을 입을 기회가 드물지만 시험 성적이 좋거나 명절 때에는 내 옷부터 준비해주어 그나마 서운함과 불만을 덜어주었다. 여럿이 있다 보니 모든 게 경쟁이었다. 어쩐지 내 것은 항상 좀 부족하고 작아보였다. 그때부터 이미 삶의 투쟁이 시작되었나 보다. 언니나 오빠는 큰딸, 큰아들이라 배려해주고, 내리사랑이라고 밑으로 갈수록 동생들의 어리광은 무사통과되곤 했다. 우리끼리 아옹다옹했지만 어디서 불리한 일을 당하면 일사불란하게 협동심을 발휘해서 감히 우릴 넘보는 텃세는 없었다. 성인이 된 지금은 각자의 생활터전에서 분수에 넘치지 않는 생활인으로 열심히 살고 있다.

출산율이 경제협력국가중 하위권에 속해서 많은 사람들이 걱정을 한다. 격세지감이다. 경쟁사회에서 아이를 낳아 제대로 교육하고 키운다는 것이 얼마나 어려운지 젊은 사람들을 보면서 실감한다. 소비위주로 짜인 현대생활을 남자 혼자서 감당하기에는 벅찬 살림살이다. 여자들도 여러 분야의 직업을 갖게 되니 자연스레 맞벌이 부부가 많아졌고, 출산의 경우 비용도 문제지만 엄마를 대신할 육아가 쉽지 않다. 육아휴직제가 있다지만 막상 휴직계를 낼 형편도 못 되고, 친지의 도움을 받기도 어렵다 보니 자연 저출산이 되고 인구절벽이라는 문제를 맞게 된다. 경고등이 켜진 지 오래다.

며칠 전 '마트로슈카'를 선물 받았다. 러시아의 전통 목각인형인데 한 꺼풀을 열면 인형이, 그 인형을 또 한 꺼풀 열면 또 인형이…, 일곱 개가 들어 있다. 인형이 모두 제자리에 들어가면 엄마가 치마폭으로 감싼 모양이다. 오뚝이 모양이라 귀엽고 앙증스럽다. 그 속에 담긴 의미는 행운과 풍요를 상징하는 다산을 내포하고 있단다. 전쟁이 잦았던 러시아에서 아기를 치마 품에 숨겨서 살린 엄마를 형상화했다는 말을 전설처럼 달고 있다. 병아리를 품고 있는 어미닭의 모습과도 같고 쓰러지면 금방 일어나는 오뚝이 모양과도 비슷하다. 인형에 그려진 예쁜 엄마의 모습이 금빛으로 화려하다. 부귀를 기원한 것이리라.

동서양 어느 곳이나 옛날에는 사람이 곧 재산이었다. 필요에 의해서 다산을 원했겠지만 그보다는 대를 잇고자 하는 인간의 본성이 더 컸으리라. 이런 염원을 담았기에 많은 아기들을 한 몸에 품은 마트로슈카 인형이 사랑을 받나 보다.

어찌 보면 마트로슈카가 우리에게 더 필요한 인형이 아닐까 싶다. 마트로슈카처럼 엄마는 아기를 돌보고 아기는 잘 자라서 건강한 나라, 풍요로운 나라의 인재人才로 성장하는 걸 기대해본다. 나라성립의 조건인 국민, 제일 큰 자산이 아닌가. 아동복지정책을 수립하는 전문가들은 어렵겠지만 저출산 문제가 해결되어 아이들 웃음소리가 넘쳐나는 건강한 나라가 되도록 지혜를 모아주었으면.

지느러미의 여유

그때, 돌확 안의 두꺼운 얼음 밑으로 비친 불그스름한 물체. 정지된 모습이다. 죽음을 의미한다. 가슴이 덜컥 내려앉는다. '아아 여기에다 금붕어를 넣었지.' 지난여름의 기억이 머릿속을 훑는다.

단단한 얼음을 깨는 고생은 금붕어를 빨리 꺼내야 한다는 급한 마음에 문제가 되지 않았다. 어렵사리 얼음을 빼낸 확 안이 텅 빈다. 커다란 얼음덩어리를 빼낸 확의 밑 부분에는 겨우 한 컵 분량의 물이 빙점을 오간다. 굳어 버린 금붕어 두 마리가 빨갛게 곱은 내 손에 잡힌다. 냉장수준을 넘어 거의 냉동상태다.

냉동금붕어. 내게도 그런 냉동의 시절이 있었지. 갓 결혼을 해서 광주에서 살 때다. 겨울철, 대전본가의 행사로 며칠씩 방을 비웠다 들어가면 연탄불이 꺼진 지 오래된 방구들은 차가움을 넘어 냉기마저 품었다. 앉아도 춥고 서도 춥고 발붙일 곳이 없다. 입성도 부실하고 먹는 것도 시원찮은 그 시절에 시어른들의 걱정까지 듣고 오면 몸과 마음은 그대로 냉동상태였다. 방안의 냉기보다 더 시린 것은 마음에 서린 갈등과 시댁에서의 뿌리내리기였다.

돌확에서 건진 금붕어는 얼었는지 몸놀림이 없다. 그러나 어떻게든 살리고 싶다. 생존을 위해 탈출을 시도했을 금붕어의 작은 몸뚱이가 시리다. 좁은 돌확 안이 붕어에게는 절망의 벽이었으리라. 쉬지 않고 파닥거렸을 그의 몸짓이 눈에 선하다. 미안하다. 그래도 다행인 것은 금붕어의 붉은 색깔이었다. 붉은색이 아니었다면 정말 눈에 띄지 않았을지도 모른다.

삼십여 년 전, 많은 날들을 긴장하며 힘들게 보냈다. 위로는 시어른이 계셨고, 중매로 만난 남편과는 매일이 조율하는 과정이었다. 누구도 내 편이라고 자신감을 가질 수가 없는 시린 날들이었다. 그 시절 나도 저 금붕어처럼 붉은색을 띠고 구원요청을 했을까? 아니면 벽이 두껍다고 포기를 했을까. 살아온 환경이 다른 두 사람의 결합은 두 집안의 관계로 연결되어 있기에. 모든 것이 확 속의 얼음판처럼 두껍고 차가웠다. 살면서 몇 번의 냉동과 해동을 반복했지만 상온의 물이 되기까지는 무엇보다 인내심이 필요했다.

젊은 날을 떠올리게 한 금붕어를 키우게 된 사연은 돌확을 밭에

갖다 놓은 일로 시작된다. 밭에 돌확이라 조금 어색했지만 계절이 바뀌면서 주위환경과 어울리니 차츰 눈에 익었다. 물건도 사람처럼 자리를 잡는 데 시간이 걸리는 건 마찬가지였다.

그런데 여름이 되자 문제가 생겼다. 장마철이라 돌확에 괸 물이 장구벌레의 온상지가 되었다. 까만 모기를 생각하니 잠이 오질 않는다. 궁리 끝에 금붕어를 구입했다. 어린 새끼들이라 시원찮게 생각했는데 풀어놓으니 신통하게 붕어가 왕이었다. 치어임에도 불구하고 장구벌레 잡는 솜씨가 보통이 아니다. 눈곱만 한 장구벌레가 휘이익 날갯짓을 하듯 물 위에 뜨면 어린 붕어들이 감각적으로 따라 붙어 쏙쏙 잡아먹는다. 기특한 녀석들. 금붕어의 활약을 보며 더운 여름을 즐겼다.

그렇게 여름이 가고, 겨울이 왔다. 겨울준비로 돌확 안의 물을 비워야 했는데 차일피일하다 놓쳤다. 얼음이 돌확을 메우고, 금붕어는 동사 직전이었다. 무엇이 인연이 되었는지 추운 날씨에 밭에 나갔고 그 참에 확을 들여다보았고 그 연유로 목숨을 건진 금붕어다. 내가 며느리로 아내로 엄마로 자리를 잡은 것처럼 금붕어도 해동을 하고 살아났다. 우린 시린 계절을 맛본 사이다. 뭔가 통하는 기분이다.

사람도 죽을 고비를 넘기면 명이 길다는 말이 있다. 금붕어의 수

명이 얼마나 긴지는 모르겠으나 동사직전에 살아났기에 명이 길거라 기대한다. 사람 소리를 내면 수면 위로 떠오르며 제법 눈 맞춤을 시도하는 듯이 보인다. 그동안 아이들 성화에 못 이겨 열대어를 몇 번 키워 보긴 했지만 별 재미를 못 보았다. 많이 준 먹이는 어항 속을 부패시키고 물고기들에게 병을 안겼다. 사람이든 동물이든 부족한 듯할 때가 건강한 삶을 유지시킨다는 것을 알려주고 떠났다.

금붕어를 집으로 옮긴 지 어느새 두 해가 지났다. 어항 안의 물속이 쾌적한지 제 몸보다 더 긴 지느러미를 우아하게 움직이며 뽐낸다. 유연하고 멋진 지느러미가 보기 좋다. 유쾌함은 전염이 빠른지 갑자기 내 옆구리가 스멀거린다. 길고 우아한 지느러미가 길게 솟는다. 나 역시 금붕어를 따라 유영을 시작한다.

냉동의 순간을 견디고, 살기 위해 파닥거렸던 그의 생명력이 빛난다. 여유로움이 느껴진다. 어항 속의 붕어 숫자가 하나 더 늘었다. 하나, 둘, 셋…. 수온계는 금붕어가 살기에 적당한 온도를 가리키고 있다.

《수필과비평》 129호

점백이

'백이'를 오랜만에 만났다. 그것도 사람이 붐비는 재래시장에서. 백 씨도 이 씨도 아닌 그녀가 백이라는 별명을 얻게 된 것은 순전이 얼굴의 점 때문이다. 점백이라 부르다 누군가 줄여서 백이라고 부르면서 백이로 통했다. 얼굴에 깨알 같은 점만 없으면 이목구비가 뚜렷해서 꽤 미인 축에 드는데 그 점 때문에 옥의 티다. 그 많은 점이 다 복점이라며 딸을 두둔했던 친정엄마도 돌아가신 지 꽤 됐단다.

백이를 만나고 얼마 뒤, 점을 소재로 한 재미있는 강론을 들을 기회가 있었다.

옛날에 4.5와 5라는 친구가 살았다. 4.5는 항상 0.5 차이로 5에게 꼼짝 못했다. 그러던 4.5가 어느 날 5를 만나자 어깨에 힘을 꽉 주

면서 소위 맞장을 뜨잔다. 아니 한 술 더 떠서 저더러 형이라고 부르란다. 어이가 없어진 5가

“임마 정신 차려, 나 5란 말이야.” 하자

“알아 임마, 나도 오늘 점 뺏거든. 나 4.5가 아니고 45라고, 똑똑히 보라고.”

4.5의 유쾌한 반전에 성당 안의 사람들이 웃음을 터뜨렸다. 4.5는 점을 빼는 아픔을 겪고 45로 거듭났다. 신부님은 소숫점만 점이 아니라고 여운을 남긴다. 시사하는 것이 크다.

점으로 끝나는 말이 어디 소숫점뿐인가. 백이엄마가 믿는 복점도 있고 눈물 받아 먹고 커진다는 눈물점도 있고 우리가 한겨레임을 증명하는 몽고반점도 있다. 가끔 심인 광고를 보면 신체부위의 점을 특징으로 해서 찾기도 한다. 이때는 점이 중요한 단서가 된다. 이런 몸에 있는 크고 작은 점들은 애교스럽고 그런 점이라면 꼭 있어야 할 것 같다. 복점이라 빼면 안 되고 눈물점이어서 빼야 한다고 생각하는 심성이 사뭇 인간적이다.

그러나 신체의 점보다 더 중요한 것은 마음속의 점인 것 같다. 잘못 박힌 대못 같은 점은 사람을 힘들게 하고 자신을 괴롭힌다. 결점, 헛점, 약점, 부족한 점, 열등감, 우월감 등등. 많은 점이 아집과 욕심을 먹고 자란다. 얼굴의 작은 티눈은 하루에도 몇 번씩 보면서

정작 마음속의 들보는 보지 못한다.

나 역시 들보를 보지 못한다. 다 내려놓았다고 말은 쉽게 하지만 마음속에 찍힌 점은 조금도 퇴색할 줄을 모른다. 이순의 나이가 되면 귀가 순해져서 듣는 대로 모두 이해할 수 있게 된다는데 아직도 거리가 멀다. 요즘은 고령사회라 제 나이에서 십 년은 빼야 한다는 설이 있다. 그 말을 든든한 백으로 알고 아직 이순이 되지 않았다고 억지도 부리면서.

건강한 노익장들을 보면 그들의 노력은 인정하지 않고 무조건 부러워만 한다. 반짝이는 작품을 쓰고 싶다는 욕심만으로 밤잠을 설치고, 남의 밭의 채소는 싱싱하고 내 밭의 채소는 잡초와 벌레 때문에 잘 자라지 못한다고 생각한다.

무엇 때문을 무엇 덕분으로 바꾸는 순한 기능이 필요하다. 살아온 세월만큼 익어야 하는데 사그라지지 않는 자존심과 욕망은 군데군데 까만 점으로 남는다. 움켜쥔 것을 놓는 것이 취하는 기쁨보다 크다고 생각은 하면서도 정작 쉽게 놓지를 못한다.

이젠 바꿔야 할 것 같다. 마음속의 많은 대들보를 가벼운 티눈으로. 사소한 것에 감사하고 작은 것에서 고운 것을 찾아보리라. 땅에 붙어 핀 키 작은 들꽃의 생명력을 눈여겨보리라. 들꽃의 생명력처럼 사람도 백세 시대에 접어들었다. 백이처럼 얼굴에 난 점은 레

이저로 쉽게 빼는 세상이 되었지만 가슴속에 엉킨 점은 천상 제 손으로 빼지 않으면 누구도 빼주지 않는다. 혹여 수를 다하여 이 세상을 떠날 때 마음속에 쌓인 점만 까맣게 오소소 남을까 두렵다. 내 친구는 귀여운 점백이였지만 나는 고약한 점백이로 기억되지 않을까, 두렵다.

냉면, 그리고 친구들

친정이 전주라고 하면 사람들은 대뜸 "음식솜씨가 좋겠네요."라고 화답한다. 그럴 때는 좀 난감하다. 하기야 전라도 사람이 운영하는 식당은 서울에서도 망하지 않는다는 소문이니 전주 사람 아니 전라도 여자들이 음식을 잘 만든다고 생각하는 것도 무리는 아니다. 그러나 쌀에 뉘가 끼어 있듯이 나처럼 솜씨 없는 예외가 있어 과찬에 민망할 따름이다.

음식이야기가 나왔으니 말이지, 며칠 전 냉면을 맛있게 먹었다. 냉면은 겨울에 먹는 것이 제맛이라고 하지만 올 여름처럼 숨 막히는 날에 먹는 냉면은 일품이다. 살얼음이 동동 뜨는 육수에 무더위가 제풀에 놀라 저만치 달아난다.

지인이 평양냉면에 얽힌 일화를 소개한다. 냉면가게의 주방장이 주인과 사이가 틀어졌단다. 그때나 지금이나 노사관계는 사업장의 변수였는지 문제가 해결되지 않은 주방장은 가게를 망하게 하고 싶은 심술로 가득 찼다. 그 방법의 하나로 육수를 낼 때 고기를 비롯하여 모든 식자재를 아낌없이 듬뿍 넣었다. 재료를 많이 넣음으로써 주인의 호주머니를 축낼 셈인데 결과는 정반대였다. 충분한 재료 덕분에 육수가 맛있게 우러나서 가게는 손님으로 넘쳤다. 냉면의 맛은 육수가 결정한다는 것을 강조하다 보니 생겨난 이야기겠지만 동감했다.

맛을 좌우하는 것은 구수한 육수와 면발에 있다. 메밀을 주원료로 해서 투박하지만 툭툭 끊어지는 면발을 사용하는 평양냉면과, 메밀에 감자 고구마 전분을 넣어 질긴 듯하면서도 쫄깃함을 자랑하는 함흥냉면이 있다. 나이 드신 어른들도 한 그릇을 시원하게 비워내는 평양냉면과 젊은 세대가 좋아하는 함흥냉면은 나름대로 개성과 맛이 있어 애호가들의 사랑을 많이 받는다.

식탁 위에 냉면이 놓인다. 차가운 육수 속에 사리가 맘껏 모양을 낸다. 잘 뽑아 낸 면발의 용틀임자세는 가히 교태스럽다. 똬리 진 그 자태 위에 살짝 걸터앉은 편육 두어 쪽과 무절임, 삶은 달걀의 매끈함이 맛깔스럽다. 어린 시절 소풍날 먹던 달걀은 사리 밑에 살짝 숨기고 사리의 요염한 자태를 푼다. 육수에 사리가 적당히 잠기면 식초, 겨자 등을 넣고 맛을 낸다. 배가 고프거나 몹시 더울 때는 다 제쳐두고 시원한 육수를 먼저 마신다. 사리가 바닥에 몇 가닥 남으면 달걀을 먹을 차례다. 달걀을 집으며 반문한다. 왜 반쪽인가, 한 개를 얹으면 어때서…. 그런 아쉬움 속에서 달걀 반쪽을 먹고 나면 정말 자로 잰 듯 배가 딱 부르다.

냉면, 우리들 곁에서 사철 사랑받는 음식이다. 즐기다 보니 고마운 마음마저 든다. 사람 사는 곳에도 냉면 맛 같은 어우러짐이 있다. 오래전에 이곳저곳에 흩어져 살고 있는 여고 동창생 몇이 모였다. 보이지 않는 인연의 끈이 어디에서 움직였는지, 중년의 우리를 묶었다. 동창생이라는 공통분모가 큰 원을 그리지만 좀 더 깊이 들여다보면 나름대로 개성이 강한 작은 원들의 집합체다. 어떤 친구는 밤새 제 몸을 우려낸 육수처럼 티내지 않고 봉사하고, 어떤 친구는 샛노란 달걀처럼 화사하게 분위기를 이끌고, 때로는 부족한 영양을 채워주는 편육 같은 친구도 있고, 정말 빼놓을 수 없는 겨자처럼 톡 쏘아서 존재를 빛내주는 친구도 있다. 작게는 동창들 이야기이지만 넓게 보면 사회의 구성원도 이와 비슷하리라.

모든 재료가 다 중요하지만, 음식의 맛은 무엇보다 적당한 간이 결정하지 않던가. 그렇다면 몇십 년 만에 만난 우리 친구들에게 적당한 간기는 무엇일까. 같은 듯하면서도 각기 다른 개성을 가진 친구들이다. 의미 있는 일에는 뜻을 모으면서 서로의 간격을 유지하고 배려해주는 속정이 우리들을 엮는 간기가 아닐까. 적당한 양의 식재료가 조화롭게 어우러져 맛있는 냉면이 되듯이, 늘 닦아서 반짝이는 재능과 개성을 지닌 친구들이 '화사회'란 모임으로 십여 년을 거뜬히 넘긴다. 너와 나를 넘어 우리는 백선의 전주여고시절의 추억으로 한 그릇에 담기는 걸 즐긴다.

혹여 음식이나 사람사이에 간이 싱겁거나 짜다면 친정이 전주라고 당당히 말할 수 있게 간을 잘 맞추고픈 의욕을 부린다. 선반 위의 소금 통이 눈에 띈다. 과유불급의 지혜를 보이라는 듯.

물이, 물이 아니잖아

덕희야,

오랜만에 네 이름을 불러 본다. 정겹기도 하고 하얀 칼라, 검정 교복을 입던 학창시절이 생각나는구나. 뒷자리에 앉아 무엇이 그리 즐겁고 우스웠던지, 웃는다고 선생님께 꾸중을 들은 학생은 아마 우리 둘밖에 없을 거다. 웃음 많고 얼굴빛 환했던 것이 여학교 시절의 기억인데.

이제 중년의 나이가 되어 뒤돌아보니 삶이란 것이 그렇게 우스울 것도 그렇게 슬플 것도 없더구나. 가을날, 파르르 떨며 떨어지는 저 나뭇잎처럼 몸부림치다 우리도 그렇게 한순간에 가는 거라는 생각이 드는구나. 그래서일까, 마른 가지에서 미련을 버리지 못하고 안간힘을 쏟는 빛바랜 잎사귀의 흔들림이 안쓰럽다.

이번 가을, 너와 함께 떠난 여행은 잊을 수 없는 시간들이었어. 고된 여정에 익숙해지기까지는 쉽지 않았지만 너와의 나들이여서 여러모로 힘이 되고 순간순간이 흐뭇함으로 다가왔어.

우리 함께 보았지, 나이아가라폭포를, 위대한 폭포는 장관이었어. 그렇게 큰 강물이 겁 없이 떨어지는 것을 처음 보았어. 미동도 없이 유유히 흐르던 거대한 강이 한순간에 수직으로 내리꽂히며 내는 굉음과 신비스런 물살의 향연. 떨리고 두려웠지만 축포라도 쏜 듯 잔치마당 같기도 하더라.

폭포의 물기둥은 우리를 하나로 묶어 놓고도 모자라 두 눈을 잠시도 제게서 떨어지지 못하게 꽉 붙들고 있었지. 어느 신부의 면사포가 저보다 더 하얄까. 물기둥이 되어 떨어지는 폭포수는 세상을 향해 포효하고 있었지. 무섭게 떨어지는 폭포수의 지존함은 어느 누구에게도 한 치 앞을 허락하지 않았어. 허연 강물은 거침없이 내리치며 내게도 함께 가자고 손짓을 하더구나. 축복과 저주가 공존하고, 천사와 악마가 동거하는 듯한 느낌이 드는 것은 나만의 생각일까. 저 물보라에서 생을 마친 사람이 많다는 말을 들으니 그들의 마음을 이해할 것도 같았어. 죽음도 미학이라는 아찔한 생각이 들더구나.

무섭게 휘몰아 친 폭포의 물보라는 묻지도 않고 내 몸을 단번에

적시었어. 차가움이 살갗을 파고들었어. 그렇지만 그의 무례함이 싫지 않았던 것은 무슨 이유일까, 도도한 자존심으로 무장한 폭포수는 이미 물이 아니었어. 그것은 어느새 나를 제 품에 넣으려는 헤라클레스로 변신하고 있었지. 그의 공격에 대비해서 입은 나의 갑옷은 아무런 의미가 없었어. 내 몸을 뚫고 들어온 헤라클레스는 명령했어. 이제부터라도 새롭게 태어나라고. 머리부터 발끝까지 새롭게 태어나지 않으면 지금 이 순간 다 거두어 갈 것이라고. 거부할 수 없는 압력으로 누르더구나. 숨이 막혔어. 차디찬 은백의 물속에서 치른 지독한 세례식이었어. 순식간에 일어난 아주 무서운 세례식 말이야. 나를 삼킬 것 같은 성난 물보라는 현기증과 멀미를 안기고 나를 저만치 내동댕이쳐 버리더라. 한동안 넋을 잃을 수밖에.

노자는 '상선약수'라는 말로 일찍이 물의 본질을 꿰뚫어서 우리에게 알렸는데. 어리석은 나는 이곳에서 물을 희롱하며 놀린 대가를 톡톡히 치르고 현자의 큰 뜻을 헤아려본단다. 물이 이미 물이 아니잖아. 물은 우리에게 어머니의 숨결이고 희생정신이었는데…. 낮은 곳을 향한 물의 겸손을 알지 못한 대가인가. 겸손한 그를 우린 얼마나 함부로 대했던가. '물 쓰듯 한다.'는 말로 그의 가치를 소홀이 했고, 마땅치 않은 사람에게 '물 같다.'라고 지칭하며 그 사람의 진실을 알려고 노력하지 않은 오만함이여. 위치를 탓하지 않고 제 몸 담길 그릇의 크기를 고르지 않는 물의 겸양지덕에 머리를 숙이지 않을 수 없었어.

정신을 차리고 올려다본 폭포에는 무지개가 찬란히 빛나고 있었어. 축복으로 다가온 나이아가라폭포, 살아있다는 것이 아름답게 느껴지더라고. 누에고치를 뚫고 날아오르는 나방처럼 가벼운 자신을 발견했단다. 기억하고 있는 모든 것들에게 감사와 고마움을 느끼며 순하게 살리라 마음먹었어. 더 필요한 것도 더 버릴 것도 없는 삶을 꿈꾸는 시인을 알고 있지. 그 시인의 평화를 잠시나마 탐해본다.

가끔 역마살이 끼어 있는 나 자신을 느낀단다. 일탈하고 싶은 유혹이 온몸을 근질거릴 때 참지 못하고 집을 나선다. 방랑과 여행의 차이는 뭘까. 돌아갈 곳이 있다는 것과 없다는 차이일까. 여행자는 되어도 방랑자는 되지 않겠노라고 내 자신에게 약속한다.

따뜻한 마음으로 주변을 돌아볼 수 있는 마음을 갖게 한 이번의 여행, 소중한 선물로 간직하자. 흔적으로 남은 몇 장의 사진을 동봉한다. 사진 속의 너는 아직도 웃고 있구나. 다시 만날 때까지 건강하자. 너도 나도.

4부

엉킨 과거의 흔적을 안았음에도 가을비에 젖은 산은 그렇게 쓸쓸해 보이지 않는다. 표내지 않고 의연하게 자리를 지키고 있다. 배고픈 새끼를 끌어안고 토닥이는 어미의 품처럼, 넉넉함이 가을비의 차가움을 채운다.

한밭벌의 시비詩碑를 만나다

때늦게 매미가 기승을 부린다. 계절을 잃은 매미의 혼란스러움이 현대를 사는 우리의 모습처럼 느껴진다. 한걸음만 물러서면 여유를 가질 수 있는데 우리들은 너무 바쁘게 살고 있다. 가끔 다른 도시를 방문할 때가 있다. 그때마다 부러운 것은 제 고장에서 탯줄을 끊고 나온 문인을 기리는 기념관이나 문학관이 있음을 본다. 최근에 대전문학관이 건립되어 문학인들의 샘터가 되었고, 다행스러운 것은 시비詩碑가 도심을 비롯하여 주변공원에 많이 설치되어 시민의 정서생활에 도움을 주는 점이다. 파악된 것만도 30여 개가 넘는다. 아름다운 시와 시비의 위치를 소개하며 문학의 향기에 함께 젖어보길 기대하며.

끝이 보이지 않는 바다처럼 대청호는 넓고 깊고 새파랗다. 파란 하늘이 내려와 쉬기에 강물도 그리 파랗나. 하늘을 우러르는 강물의 겸손, 현재의 우리에게 던지는 의미는 뭘까. 대전고에서 오랫동안 재직하며 불교에 심취했던 운장 김대현의 시비는 대청댐의 물이 흘러 내려 여여한 모습으로 하늘을 끌어안는 곳에 자리하고 있다. 생전의 김대현 시인을 직접 뵌 적이 있는데 그의 시만큼이나 깔끔하고 눈망울이 선하신 분이다.

김대현 시비

강

김대현(1923-2003)

하늘이 와서 쉬나니
강물이 어이 자리오

평생 대전을 떠나본 적이 없다는 지헌영 선생의 시비를 찾았다. 대전시청사 안에 있다는 것은 알았지만 실제로 넓은 청사 안에서 시비를 찾기는 쉽지 않다. 안내원의 도움을 받아 동문 출입구의 잔디밭에서 선생의 시비를 발견하고 반가움에 큰 소리로 읽어 본다. 1960년대 말에 쓴 작품으로 선비다운 고결함과 시어들로 애향심을 표현했다.

지헌영 시비

아! 대전아

장암 지헌영(1911-1981)

아! 나의 대전아
사랑흔 공주 한밭 산수
스사로이 있었던 한밭아!

새벽녘 하늘에 샛별이 돋고
이윽고 먼동이 트면
흑색 식장이 후억진 머리 들어
옥계 중계(대전천)에 고요가 겹쳤으리라

먼 종소리 은은히 흐른 벌판으로
포 소리 사이로 생존이 헐어져 있어도
촉촉히 꽃잎엔 이슬이

가지가지의 가만한 입김에

가슴마다에, 고마운 안들에

님의 뜻이 그대로 감싸여 있다.

……〈중략〉……

권선근문학새긴돌비

서구 둔산동에 위치한 권선근 문학새긴돌비를 찾았다. 엑스포 국제 박람회를 기회로 대전은 서구와 유성구를 대대적으로 구획정리를 하며 계획도시로 만들었다. 그때 동서를 잇는 한밭대로를 만들었다. 한밭대로를 끼고 파란 잔디 공원이 길게 이어진다. 영진공원, 우드공원, 샘머리공원 등으로. 선생의 시비는 그중에서 샘머리공원의 양지바른 곳에 세워져 있다.

권선근(1926-1989)은 소설가이다. 그런 이유에서인지 시비라 하지 않고 '문학새긴돌비'란 비명을 달고 있다.

그의 단편소설 〈허선생〉 중에서 일부분을 옮겨본다.

시냇물이 감돌고 있는 산비탈길을 막 접어들었다. 우리들은 무엇에 놀란 사람처럼 딱 멈추었다. 그 어린것이 추단하기에는 너무나 과중한 나뭇짐을 진 문식이가 이리로 오고 있었다. 우리를 발견한 문식이도 그 자리에 화석처럼 굳었다.

"너 그 웬 나무냐 응?" 허 선생이 먼저 그렇게 입을 열었다.

"……" 아무 말이 없다.

"너 웬 나무냐, 나무는 응?"

"……" 또 응구대척이 없다.

"내 궁금해 너의 집에 가는 길이다."

"……" 답답할 만치 대답이 없다.

잠시 침묵이 흘렀다. 문식이는 비스듬히 외면을 하며 비로소 입을 열었다. 떨리는 목소리다.

"선생님두 돈 없으실 건데, 오학년 때부터 이제껏 돈 대서 가르쳐 주시고 이번에도 그 많은 돈을 내주셨는데 선생님 나무래도 한 짐 해다 드릴라구 오늘 결석……." 이내 말이 그치고 말았다. 어깨가 들먹들먹해졌다.

권선근 얼굴상

동판에 새긴 선생의 모습에서 자애로움이 느껴진다. 자상한 아버지다. 스승과 사제 간의 괴리가 심한 요즘, 작품이 시사하는 바가 크다.

대전에는 아름다운 8경이 있다. 유성온천, 엑스포과학공원, 구봉산, 계족산, 보문산, 식장산, 장태산, 그리고 바다를 연상시키는 대청호가 있다. 그중에서도 보문산은 아주 오래전부터 시민의 휴식처였다. 보문산(중구 대사동 3-45) 자락에는 민가가 많이 밀집되어 있어 산이 사람을 끌어안았는지, 사람들이 산을 끌어안았는지 그 경계선조차 뚜렷하지 않다. 보물이 묻혀 있다고 하여 보물산이라 불린 적도 있는 보문산은 해발 450여m로 그리 높지는 않지만 10여 개의 산책로와 20여 개가 넘는 약수터가 있다.

산책로를 따라 걷다 보니 박용래의 시비가 눈앞에 다가선다. 시인은 논산 강경읍에서 태어났고 성장했다. 향토적 정서를 물씬 풍기는 선생의 시를 읽노라니 성장세에 밀려서 그동안 잊었던 고향이 떠오른다. 저녁 때 내리는 눈은 차다. 그런 찬 눈이 한 곳도 빼놓지 않고 풀풀 날린다. 찬 눈발이지만 풍년을 약속하기에 따뜻하게 느낀다. 우린 그때 그렇게 살았다.

저녁눈

박용래(1925–1980)

늦은 저녁 때 오는 눈발은 말집 호롱불 밑에 붐비다
늦은 저녁 때 오는 눈발은 조랑말 발굽 밑에 붐비다
늦은 저녁 때 오는 눈발은 여물 써는 소리에 붐비다
늦은 저녁 때 오는 눈발은 변두리 빈터만 다니며 붐비다.

공기 맑고 산세 좋은 보문산은 시민들과 함께 애환을 나누었다. 6 · 25동란으로 민둥산이 돼 버린 보문산을 녹화하기 위해 그 당시 중, 고학생들이 뿌린 아까시 씨앗이 족히 몇 가마니는 될 거라는 농담 섞인 말이 있다. 그만큼 보문산은 대전시민의 땀방울이 얼룩진 곳이다 그래서일까. 5월이 되면 아기 젖내 같은 비릿하면서도 달콤한 아까시 꽃향기로 온몸을 적시며 취한다.

김관식은 논산 연무 출신이다. 모교인 강경상고에도 그의 시비가 있다. 천재시인이란 영광도 잠시, 괴짜시인, 광인으로도 불리던

박용래 시비

그는 37세의 젊은 나이에 술로 병을 얻어 요절한다. 처갓집의 지독한 반대에도 불구하고 목숨을 건 청혼에 성공, 결국 서정주의 처제인 방옥례와 결혼하지만 운명처럼 따라다니는 가난을 벗지 못한다. 아무것도 먹지 못하는 남편을 위해 아내는 삶은 달걀 하나를 손에 쥐여 주지만 시인은 달걀을 다시 아내의 도시락에 넣는다. 아내가 출근하고 난 뒤 시인은 조용히 눈을 감는다. 훗날 아내 방옥례는《대한민국 김관식》(1983)을 남편 영전에 바친다.

김관식 시비

다시 曠野에

김관식(1934-1970)

저는 항상 꽃잎처럼 겹겹이 에워싸인
마음의 푸른 창문을 열어놓고
당신의 그림자가 어리울 때까지를 가슴 조여
안타까웁게 기다리고 있습니다.
하늘이여,

그러면 저의 옆에 가까이 와 주십시오.
만일이라도…… 만일이라도……
이승 저승 어리중간 아니면 어데든지
당신이 계시지 않을 양이면

살아 있는 모든 것의 몸뚱어리는
암소 황소 쟁기결이 날카론 보습으로
갈아 헤친 논이랑의 흙덩어리와 같습니다

따순 봄날 재양한 햇살 아래
눈 비비며 싹터 오르는 갈대순같이
그렇게 소생하는 힘을 주시옵소서.

한용운 시비

한용운(1879-1944)의 〈꿈이라면〉 시비도 같은 사정공원 안에 있다. 한용운은 충남 홍성 출생이다. 연전에 홍성의 생가를 방문해서 사진 속의 선생을 뵐 수 있었다. 선생의 시구를 읊어보며 사정공원을 내려온다.

한성기 시비가 있는 시민회관은 중구 서대전 네거리 도심에 있다. 몇 년 전만 해도 넓어 보였는데 좌우로 아파트가 들어서고 고층 빌딩이 자리를 잡으니 주차장과 광장이 여염집 마당보다 좁아 보인다. 한때는 이곳, 시민회관에서 대전의 모든 예술 행사가 이루어졌다고 해도 과언이 아닌데, 이제는 그 영화를 추억으로 간직한다. 1955년 현대문학으로 등단한 시인은 대전사범의 교사로 재직한 적이 있다. 그의 시비가 있는 광장 밑으로 전철 1호선이 지나가고 광장 위의 시비는 매연을 잔뜩 마시며 지나가는 사람을 지켜본다. 시인의 외로움이 진득하게 배어 있다.

한성기 시비

역

한성기(1923–1984)

푸른 불 시그널이 꿈처럼 어리는
거기 조그마한 역이 있다

빈 대합실에는
의지할 의자 하나 없고

이따금 급행열차가
어지럽게 경적을 울리며
지나간다

눈이 오고
비가 오고……

아득한 선로 위에
없는 듯 있는 듯
거기 조그마한 역처럼 내가 있다.

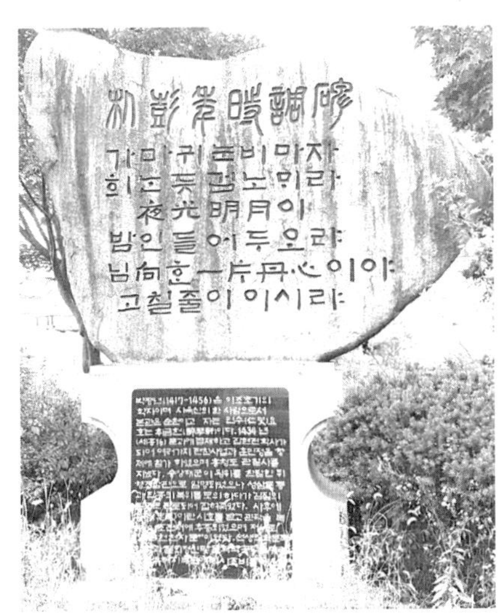

박팽년 시비

박팽년(1417-1456)의 시조 비는 동구 용운동(389-2) 소재 용운도서관 내에 있다. 관내라기보다 뜰에 있다는 표현이 적절할 듯하다. 설 자리가 좁아진 것은 사람뿐만 아니라 시비도 마찬가지인가 보다.

호연재김씨(1681-1722) 시비는 대덕구 송촌동 463번지의 동춘당 공원 내에 있다. 동춘당은 송준길의 후손들이 조상을 기리는 사당 겸 공원으로 개방을 한 곳인데, 잘 가꾸고 손질을 해서 유적 가치를 지니고 있다.

김소월의 〈산유화〉 시비는 배재대(서구 배재로 155-40) 교정에 있다. 작은 동산에 서 있는 시비는 단아한 소월의 모습을 연상시킨다. 담소하던 학생들이 반갑게 웃으며 인사를 한다. 밝은 웃음은 사람 사이를 좁혀주는 지름길이다. 함께 답사를 하던 며느리 강은애도 답례의 미소를 보낸다. 싱그런 젊음이 보기 좋다.

모윤숙 시비

모윤숙(1910-1990) 시비를 찾아 나선 것은 이른 아침이었다. 새벽 안개가 묘비 사이를 이불처럼 감싼다. 잠든 장병들이 시리지 않도록 포근하게 덮어주니 나 역시 자식을 둔 엄마라서일까. 사병묘역 맨 앞에 방패막이가 되어 서 있는 시비를 보니 따뜻한 모성이 느껴진다. 모윤숙의 시비는 시비라기보다 바람을 막는 엄마의 품이다.

조국이여 동포여

내 사랑하는 소녀여

나는 그대들의 행복을 위해 간다.

—〈국군은 죽어서 말한다〉 중에서

이덕영 시비

이덕영(1942-1983)의 시비는 대청댐 교각 옆에 자리를 잡고 있다. 다리목에 장사꾼들이 진을 치고 있어 지나칠 뻔했는데 “시비인지는 잘 모르겠고, 저기 글을 새긴 돌이 있으니 가보시오." 투박한 손으로 안내한다. 삶에 지친 그들 사이로 카메라 셔터를 누르는 것이 미안하다. 〈신탄진〉이란 작품에서 그의 고향사랑을 읽는다.

정의홍 시비

정의홍(1944-1996) 시비는 그가 봉직했던 대전대학교 교정에 있다. 시비를 찾던 그날은 종일 비가 왔다. 시비 찾기는 처음부터 술래잡기였다. 정원의 전면에 있을 거라는 편견으로 수줍게 숨어 있는 시비를 뒤늦게 발견했다. 선입감을 버렸다면 좀 더 빨리 그를 만날 수 있었을 텐데. 가을을 재촉하는 비가 한기를 돋게 했지만 시문詩文은 다정다감했다. 〈우리나라〉 라는 시가 새겨져 있다.

대전의 시비를 소개하는데 일부만 게재되어 아쉬움이 크다. 대전에 살면서도 내 고장의 시인뿐만 아니라 저명한 시인들의 시비가 곳곳에 세워져 있음을 간과했다. 이번 시비를 찾는 과정에서 훌륭한 시인의 배출로 대전은 이미 문학의 자양분에 흠뻑 젖어 있음을 알게 되었다. 시를 읽고 시인의 삶을 돌아보는 요 며칠 행복했다. 암울한 시기에는 어둠을, 평온한 시절에는 사랑을 노래한 시인들은 사람사이를 이어주는 가교架橋를 만든다.

프리즘을 통과한 빛처럼, 시는 우리의 삶을 조명한다. 때론 아프게 때론 기쁘게 애환이 담긴 시, 어찌 아름답지 않은가.

불꽃으로 살다

우리는 안다. 살면서 누군가를 사랑하지 않을 수 없다는 것을. 하지만 그 사랑도 언젠가는 변한다는 사실 또한 우리가 살아가면서 받아들여야 한다. 너무 짧은 사랑이기에 그녀의 고통은 깊고 컸다.

프리다 칼로. 장미보다 더 붉게 백합보다 더 고귀한 사랑을 갈구한 칼로는 멕시코에서 태어났다. 여섯 살 때 소아마비를 앓은 탓에 다리가 불편했지만 그녀는 총명하고 아름다웠다. 멕시코 최고의 교육기관에서 공부하며 장차 의사가 되려는 꿈은 열여덟에 처참하게 깨지고 만다. 하굣길에 당한 대형교통사고는 그녀를 짓이겨버린다. 옆구리를 뚫은 강철봉이 척추와 골반을 관통했다. 살아있는 것이 기적이었다.

아무런 꿈을 꿀 수가 없었다. 지독한 고통 속에서 온몸에 깁스를 하고 하루 종일 천장만 바라본다. 두 손만 겨우 움직인 칼로가 유일하게 할 수 있는 것은 거울에 비친 자신의 모습을 그리는 것이었다. 칼로는 "나는 늘 혼자였고 또 내가 가장 잘 아는 주제이기에 나를 그린다."라며 자화상을 그린 이유를 말했다.

수차례의 수술 끝에 기적적으로 발걸음을 뗀다. 교통사고의 후유증은 평생 그녀를 괴롭혔고 척추의 고통은 그림 그리는 것을 자신의 운명으로 받아들이게 한다. 칼로는 자신의 그림을 평가받고자 당대의 천재화가인 디에고 리베라를 찾아간다. 리베라의 격려는 그녀에게 큰 힘이 되었다. 화가가 되겠다는 결심을 굳히는 데 리베라의 힘이 컸다.

자신의 재능을 인정해준 리베라에게 그녀는 마력에 빠지듯 사랑에 빠진다. 20여 년이나 연상인 리베라와 칼로는 "코끼리와 비둘기의 결합"이라는 사람들의 호기심과 비웃음을 뒤로하고 결혼한다. 그리고 불꽃이 되어 자신을 태운다. 리베라와의 만남은 그녀의 인생에 큰 전환점이자 운명이었다.

한때는 불꽃처럼 타 올랐고, 든든한 사상적 동지가 되고 예술적 영감을 주고받는 부부였지만 여성 편력이 많은 리베라는 칼로를 두고 또 다른 여인을 찾아 떠난다. 하얀 재만 남기고 사랑은 싸늘한 어둠 속으로 묻힌다. 한편에서는 애송이 칼로가 신분상승의 발판으로 리베라를 이용했다는 소문도 있었지만, 병마와 싸우고 그림에만 빠져 있던 외골수 칼로에게 보인 편견이거나 악의적인 소문이라 생각된다.

사랑하는 남자를 떠나보내지 않으려고 그녀는 몸부림을 친다. 그녀의 안타까운 방황은 그림에 그대로 남았다. 〈머리를 자른 자화상〉, 〈내 마음속의 디에고〉, 〈두 명의 프리다〉, 〈희망의 나무여 우뚝 솟아라〉 등등 여러 작품을 남긴다.

그렇게도 칼로가 집착했던 남편 디에고 리베라는 칼로에게 어떤 사람이었을까. 자신을 성공시켜준 은인, 아니면 자신의 자존심을 지켜주는 든든한 기둥, 혹은 부족한 자신의 신체일부라고 생각했을까. 아님, 고통 속에서 유일하게 위로를 받을 수 있었던 남자였을까. 스승보다 남자로 받아들이지 않았을까. 많은 생각이 든다. 사랑하는 남자의 아이를 갖고 싶고, 그 남자와 결혼생활을 영위하고자 애썼지만 결국 결혼생활은 실패로 끝난다. 사랑의 소유욕은 자유 분망한 리베라에게는 집착으로 버거웠나 보다. 손을 뻗으면 뻗은 만큼 리베라는 더 멀리 날아갔다.

여동생인 크리스티나와 관계를 맺는 남편을 더 이상 견딜 수 없어 떠난다. 칼로는 분노와 상실감에 정신적으로 많이 피폐된다. 〈도로시해일의 자살〉, 〈부서진 기둥〉, 〈상처를 입은 사슴〉 등등.

칼로는 아픔을 잊으려 자신을 표현한다.

처절함은 순수해서 아름답다. 아름다운 것은 고통도 끌어안는다. 그녀의 작품 속에는 살을 에는 고통스런 삶이 녹아 있다. '프리다 칼로호湖'의 깊은 강물에 빠진 나는 그녀와 함께 익사하고픈 강렬한 충동을 느낀다. 사랑을 놓지 않으려고 발버둥 친 그녀의 애끓는 통곡이 그녀와 나 사이를 넘나든다. 리베라에게 칼로는 무엇이고, 칼로에게 리베라는 무엇인가.

건강 악화로 그녀의 삶이 얼마 남지 않았음을 안 전 남편 리베라와 친구들이 개인전을 마련했다. 일어날 힘조차 없는 그녀는 침대에 누운 채 개막식에 참석했다. 그로부터 1년 후, 정신의 고독과 육신의 고통 속에서 보낸 사십여 년의 생을 마친다. 그녀는 일기장의 끝줄에 "이 외출이 행복하기를, 그리고 다시 돌아오지 않기를…." 기원하면서 숨을 거둔다.

그녀가 태어났고, 그림을 그렸고, 사랑을 했고, 목숨이 다할 때까지 살았던 코요아칸의 '푸른 집'은 그녀를 기리는 멕시코의 대표적인 미술관이 되었다. 그녀의 작품은 미술사에 큰 획을 그었고, 멕시코뿐만 아니라 세상 사람들의 마음을 움직이는 메시지를 남겼다.

예술은 영혼을 갉아먹고, 갉아 먹은 영혼을 성숙한 작품으로 되갚는 행위인가. 채워지지 않은 사랑의 갈증을 그림으로 승화시킨

화가 프리다 칼로. 고독과 고통을 멕시코 전통의식에 녹여 자신만의 독특한 화풍을 세운 이 시대의 위대한 화가. 그녀는 불행과 절망 속에서 피어난 꽃이었다. 사랑과 배신의 질곡을 헤치고 불꽃으로 살다 간 칼로, 그의 그림은 바로 칼로 자신이었다. 그녀의 혼불이 붉게 타는 작품 앞에서 생각에 젖는다. 여자는 무엇으로 사는가.

(2015. 6. 6 ~ 9. 4 올림픽공원, 소마미술관에서 프리다 칼로 작품전을 열다.)

또 하루를 살 수 있는 힘

노을빛이 유난히 붉다. 싸이욕 국립공원과 콰이강을 끼고 도는 곳에 일찍이 리조트가 세워졌다. 리조트에는 여러 국적의 휴양객이 찾아오고, 그들을 도와주기 위해 현지인들도 많이 근무한다. 사람 사는 곳은 거의 비슷한 경제수단을 갖고 있나 보다. 살기 위해 일하고, 일한 만큼 돈을 받고, 그 가치로 가족의 생계를 꾸리고. 객실에서 근무하는 서른다섯 살의 여자는 이미 손자를 보았다. 설마 했는데 이곳의 여자들은 일찍 결혼을 한다. 입 하나 덜어낸다는 가난한 형편이 원인이겠지만, 나은 조건의 남자를 만나면 조혼도 서슴지 않고, 무능한 남편과는 헤어지는 과감성도 그녀들은 갖고 있단다.

남자들은 경제적인 면에서 주도권을 갖지 않은 대신 새끼를 배게 하고 훌쩍 떠나버리는 야생의 본능도 적당히 묵인된다고 한다. 양

육에서 자유로운 아비를 인정해주는 오지의 마을, 이곳에서 뜻밖에도 아이를 키우며 사는 홀아비를 만났다. 스무 살에 아비가 되었다. 아이 엄마도 그처럼 이곳 태생이다. 사랑이란 달콤한 말은 하지 않아도 그들은 알았다. 서로에게 목숨처럼 소중한 사람이라는 것을. 얼기설기 햇빛 가리고 비를 피해 살림을 차렸다. 아이를 낳았다. 쌍둥이남아를. 남자는 태어나서 처음으로 눈물을 흘렸다.

그러나 행복한 순간은 짧았다. 산후병으로 고생하던 아내가 일어나지 못했다. 아이 엄마는 눈을 감지 못하고 세상을 떠났다. 아이를 낳은 어미들은 안다. 새끼들의 배고픈 때를. 그러나 젖을 줄 어미가 없는 쌍둥이들은 아비의 눈물로 배를 채웠다. 내 어릴 적에도 동네 아주머니들이 어미 잃은 아기들에게 젖을 나눠 주고 보살펴 주듯이 이 마을에도 그런 인정은 남아 있다. 그러나 주변의 베풂에도 한계가 있지 않은가. 젖을 대용할 물품이 부족한 쌍둥이들 앞에서 두 손을 비비며 애타는 남자의 모습이 한동안 머리에서 떠나질 않는다. 그의 고달픔이 마음을 휘젓는다. 아이를 안고 가파른 길을 오르는 아비의 슬픔이 먹먹한 여운을 남긴다. 엄마 품을 모르고 잠든 쌍둥이에게 타국에서 온 할머니는 잠깐이지만 품을 내어준다.

무심한 세월은 그래도 흘렀다. 종일토록 리조트의 잔디밭에서 풀을 깎는 것이 남자의 일이다. 돌을 지난 쌍둥이들이 벌거숭이가 되어 아비의 일터에서 뒹군다. 걸음마를 배우는 아기들의 몸짓이 서툴다. 일어서다 넘어지고, 다시 아비 목을 잡고 일어선다. 틈틈이 쌍둥이에게 물을 먹이고, 비닐봉지에서 밥알을 꺼내 입안에 넣어준다. 남자는 어미 새의 몸짓으로 아이를 돌본다. 잠시 일손을 멈췄던 남자가 예초기의 엔진을 돌린다. 쌍둥이들은 보채지 않고 아비의 품에서 떨어져 저희끼리 엉킨다. 마른 줄 알았던 아비의 눈길이 촉촉하다.

멀리 보이는 산등성이에 회색 구름이 몰려온다. 금방 빗줄기가 내리친다. 온종일 가는 비와 굵은 빗발, 그러다 잦아드는 빗줄기다. 맞아도 아프지 않고 젖어도 춥지 않은 이곳 날씨다. 짙게 덮인 비구름 때문에 하늘이 보이지 않는다. 그런데 예측하지 못한 순간, 회색 구름을 뚫고 금속보다 더 번쩍이는 햇빛이 강하게 잔디에 내리 꽂힌다. 틈새의 쪽빛 하늘이 그리움처럼 얼굴을 내민다. 한 뼘의 사이로 슬퍼 보이는 여자가 쌍둥이들을 내려다본다. 어미 새가 되지 못한 어미의 울음이 귓가에 맴도는 것은 내 귀의 환청 때문만은 아니리라. 나는 얼결에 눈을 감았다.

'남자가, 틈새로 보인 저 청명한 하늘로 날아가 아이 엄마를 만나면, 쌍둥이를 안고 좋아했던 그날처럼 으스러지게 껴안으리라. 여자는 힘들었던 남자의 고달픔을 달래며 으깨진 그의 날개를 눈물로

닦아 주면서, 남자를 안고 저 높은 하늘로 올라가리라….'

아주 잠깐 사이였다. 쌍둥이의 아비와 어미가 한 쌍의 길조가 되어 날아가는 환상을 본다. 그리고 아기들을 생각하며 희망의 싹을 틔워본다. 잔디를 안방으로 여기며 뒹굴고 자란 쌍둥이들에게 가장 익숙한 곳이 바로 골프장 환경이다. 녀석들은 태생부터 골퍼다. 건강하게 자라서 세계적인 골프선수로 성장하는 소망을 담아본다. 꿈을 꾸고 이룰 수 있는 것도 사람의 일이기에 가능하다고 믿으며 이런 바람이 아비에게도 전달되면 또 하루를 살 수 있는 힘을 얻으리라. 쌍둥이가 아직은 둥지 안의 아기 새이지만 시련을 견디고 단련을 하면 힘찬 날개로 비상할 것이다.

잠시 머물다 떠나는 할미지만, 축원이 실현되리라 믿는다. 간절하게 원하는 것은 꼭 이루어지니까. 길이 끝났다고 생각하는 곳에서 길은 다시 시작되기에 희망의 끈을 놓지 않는다.

《수필과비평》 180호

유혹의 덫

주위환경에 따라 사람도 나무도 성장의 폭이 얼마든지 달라진다. 아열대성 기후의 풍부한 강수량과 햇빛은 나무 한 그루, 풀 한 포기에 큰 힘이 되고 자양분을 만드는 데 도움을 준다. 그래서 이곳의 나무들은 한결같이 짙푸르고 반지랍다.

여름휴가 중 유일하게 거르지 않은 것이 산책이었다. 걷다 보면 어제는 보이지 않던 것이 눈에 띄기도 하고 때론 발걸음까지 멈추게 한다. 아름다운 다리와 넓은 잔디밭도 거닐고 위세 좋은 대나무 숲을 지나간다. 비 온 뒤의 죽순이란 말처럼 잘 자란 대나무는 큰 숲을 이루었고, 바람결 따라 파도를 치는 제 몸짓보다 더 빠르게 소리를 전달한다. '쏴아아' 댓잎이 전하는 바람소리는 내 마음까지 흔들어 놓고 저만치 달아난다.

오늘도 예외 없이 대숲을 지난다. 노상 죽죽 뻗은 대나무의 위용만 바라보았지, 발아래 뿌리에는 별 관심을 두지 않았다. 그런데 이게 웬일인가. 실하게 생긴 죽순이 불쑥 땅을 헤치고 나와 있지 않은가, 마치 나를 기다리고 있었다는 듯. 실한 죽순의 우뚝함이 눈에 들어온다.

짧은 순간에 욕심이 들어찬다. 휴가를 함께 보낸 일행과 이틀 밤을 보내면 헤어진다. 그러지 않아도 아쉬움을 달래는 이별주를 나누고 싶었는데…, 마켓에서 구입하는 안주보다 저 죽순으로 요리를 만들면 어떨까. 죽순은 어느새 안주로 탈바꿈을 했다.

'죽순을 뽑아갈까, 말까.' 갈등이 온몸을 경직시킨다. 뽑아 가고 싶다. 그러나 이곳은 국립공원이다. 공공장소에 식재된 어떤 것도 함부로 손을 댈 수가 없다. 겁도 난다. 혹시 감시원의 눈에 띄기라도 한다면, 대망신이다. 주위를 살피니 아무도 눈에 띄지 않는다. 갖고 싶은 강렬함은 덫이 되어 놓아 주질 않는다.

'죽순은 땅속에서 계속 솟아날 것이니 몇 개쯤 뽑은들 어떠리. 천연기념물도 아니고 흔한 대나무순이지 않은가.' 나를 위한 변명을 생각해내니 좀 홀가분해지며 용기가 난다. 그래도 양심은 있어서인지 죽순을 잡은 손이 떨린다. 잡아당기면 금방 뽑힐 거란 생각은 착각이었다. 솔직히 죽순을 뽑아 본 경험이 없었기에. 제법 자란 죽순은 힘이 장사였다. 낑낑 힘을 주다 결국 발의 힘을 빌려 겨우 뽑았다. 허락받지 않은 불안감으로 얼굴은 이미 땀범벅이 되었고.

뽑아낸 성취감도 잠시, 팔과 종아리가 따끔거린다. 걷는 내내 통증이 더 심해져 도저히 견딜 수가 없다. 한적한 곳에서 죽순을 자세히 살펴보니 솜털처럼 여린 가시 털이 잎사귀 사이사이를 실처럼 감싸고 있다. 그걸 모르고 남이 볼까 두려워 품에 안고 있었으니 온몸이 따끔거릴 수밖에. 가시 털의 반란이다.

그래도 우정의 상차림이란 기대감으로 죽순을 만지는 손길이 바쁘다. 주위에 잎사귀가 수북이 쌓여도 녀석은 속살을 쉬 보이지 않는다. 이렇게나 깊이 감추고 있는지 몰랐다. 한 자 가까이 자란 죽순인데도 속대는 제 몸치의 반에 반 정도의 소량이었다.

여린 속대이니 나물처럼 데치면 먹을 수 있겠지. 죽향을 생각하며 성큼 한 조각을 무니, 쓰다. 거의 소태다. 조금 전까지 담백한 안줏감으로 기대를 건 죽순은 예상외로 쓰디쓴 맛을 띠고 있다. 제 몸을 감싸는 방어물질을 내뿜으며 이미 대나무의 기상을 품고 있었다.

내가 그렇게 탐했던 죽순을 많은 사람들이 선호한다. 그들은 질 좋은 죽순을 얻기 위해, 대나무의 번식과 성장에 방해되지 않도록 배려하면서 채취하는데, 나는 염치없이 그의 생명을 가볍게 여겼다.

죽순이 식용으로 거듭나기까지는 인력과 시간을 필요로 하는데, 그런 시련과 인내심을 간과하고 서둘렀다. 탐욕으로 빚어진 부끄러움이 쓴맛을 더한다.

인내심을 요구하는 것이 어찌 죽순요리에만 국한될까. 살면서 우리들은 많은 사람을 만나고 관계를 맺는다. 맺은 관계를 우려내지 않은 쓴맛으로 인해 풀려버리는 아픔을 겪기도 하고, 풋것의 떫음으로 아쉬움을 남기기도 한다.

살면서 오늘처럼 성급함과 함께 뱉어버린 유혹의 덫이 얼마나 될까. 다다익선이라 하지만 유혹의 덫만큼은 절대 사양해야 할 것 같다. 그럼에도 불구하고 왜 유혹은 항상 가슴을 뛰게 하면서 거부하지 못하게 다가올까.

카우람

약속시간에 알렉이 나타났다. 콰이강의 물줄기가 시작되는 칸차나부리에서 만난 친구다. 온천이 흔하지 않은 이곳에서 노천 온천욕을 할 수 있음은 행운이었다. 산골짜기를 타고 내린 둔덕이 잠시 숨을 고르는 곳에 뜨거운 물이 퐁퐁 솟는다.

노천 온천 주위로 나무들이 숲을 이룬다. 잘 자란 나무의 이파리가 하늘에 커튼을 드리운다. 이글거리는 태양에게 조금의 틈새도 주지 않을 양 녹색의 천으로 천장을 막지만 어느새 스며든 햇빛은 물 위에서 어른거린다. 따끈한 온천수에 청량한 공기, 이곳이 노천 온천으로 유명한 이유다.

온천을 오가며 우연찮게 몇 번을 마주쳤다. 자연 눈인사를 나누게 되었다. 웃는 모습이 순해 보이는 젊은이다. 한국에서 온 것을 알고 있었다며 친근감을 나타낸다. 자기 집에 초대하고 싶다는 말을 이해하면서, 태국말 한국말 몰라도, 우린 말문을 텄다.

여행지에서 현지인의 초대를 받는다는 것이 내겐 흔치 않은 일이다. 그럼에도 막상 초대를 받고 보니 고맙지만 어떻게 해야 할지 답을 주지 못했다. 외부인에게 쉽게 문을 열어주지 못하는 현실이다 보니…. 알렉의 호의가 빛을 바래는 것 같아 미안했지만, 혼란스럽다. 이튿날 그의 노부모가 숙소를 찾아옴으로써 더 사양할 수가 없었다.

느른한 오후의 갑작스런 외국인의 방문은 일터 아줌마들의 졸음을 깨우는 단방약이 되었다. 피부 색깔과 언어가 다른 방문객에게 호기심을 보인다. 마치 놀이가 지겨운 애들에게 새로운 관심거리가 주어진 것처럼. 그들은 우릴 반갑게 맞이하고 웃음을 터뜨린다.

알렉은 이곳 '텅파품'이란 마을에서 카우람을 만드는 일을 한다. 카우람은 날씨가 더운 태국에서 도시락 대용으로 먹을 수 있게 만든 찹쌀밥이다. 우리의 대나무 통밥과 비슷하나 그릇으로 사용하는 대나무 통의 넓이와 길이가 좀 다르다. 우리 것은 밥그릇처럼 나무통이 넓고 키가 낮은데 카우람에 사용하는 대나무는 통이 좁고 길다. 마치 대나무 피리처럼.

무슨 일이든지 쉬운 것은 없지만 더운 나라에서 불을 이용해 많은 양의 밥을 쪄 내는 것은 힘든 작업이다. 대형 찜솥이 걸린 공장 안은 화기와 훈증으로 잠시 서 있기에도 힘들었다. 선풍기의 바람은 이미 효력을 잃었다. 뜨거운 열기 앞에서 일하는 사람이나 보는 사람이나 다 힘듦에도, 그들은 이런 일에 익숙한 듯 묵묵히 일을 한다. 분업과 협업의 문턱을 넘나들면서 일꾼들이 움직인다. 영세하고 열악하지만 먹을거리를 만든다는 자부심으로 익숙하게 일감을 처리한다.

우리에게 이런저런 설명을 하던 알렉도 작업장에 섞이니 실한 일꾼이다. 누가 주인이고 누가 삯꾼인지 모르겠다. 작업장의 여러 곳을 두루 살피며 노련함을 보인다. 격의 없이 일손을 보태는 그의 꾸밈없는 모습이 믿음직스럽다. 이곳에는 노사가 따로 없어 보인다.

연신 김을 내던 찜솥에서 찹쌀 익는 냄새가 코끝을 자극한다. 먹고 싶다. 구수한 것이 꼭 우리네 찰밥 냄새다. 한국의 대나무 통밥을 설명하니, 금세 쪄낸 카우람을 권한다. 맛을 보라고.

손안에 쫀득하고 간간하고 달달한 찰밥이 가래떡 형상을 하고 있다. 고명으로 씹히는 콩맛도 일미다. 엄지손가락을 펼쳐 “맛있다.”라고 하니 알렉이 그럴 줄 알았다는 듯이 웃는다.

고온의 날씨에 카우람이 쉬 상하지 않느냐는 질문에 그가 밥물을 가리킨다. 코코아가루를 섞어 밥물을 잡고, 긴 대나무 통은 공기의 접촉면을 적게 한다고 일러준다. 민족의 전통 속에 녹아 있는 과학의 원리이자 지혜였다.

그래서일까. 자신의 일터로 우릴 안내한 이유를 알 것 같다. 쌀을 먹는 사람끼리 통하는 것, 진득함으로 표현되는 사람의 정, 카우람을 소개하고 싶은 태국인의 자존심, 그리고 가업을 잇는 사업가의 열정을 짧은 시간이었지만 느낄 수 있었다.

알렉은 노총각이었다. 그의 부모도 아들의 결혼이 당면한 걱정이라고 한다. 혼기가 지난 아들을 둔 부모심정은 다 같지 않은가. 카우람만 만들지 말고 예쁜 색시를 빨리 만나라고 하니 수줍음에 얼굴이 붉어진다.

잠시의 인연으로 그의 일터를 방문했지만, 있는 그대로의 모습을 보여준 알렉의 진솔함이 신선하다. 번듯하고 남에게 그럴 듯한 것만 보이려고 하는 것이 인지상정인데, 알렉은 그런 허례허식이 없다. 성실한 삶의 모습을 보면 나이를 떠나 가슴으로 그 사람을 기억한다. 낡은 그의 트럭이 편하게 느껴지는 것은 진실한 그의 면목을 봤기 때문인지도 모르겠다. 방문을 망설이다가 좋은 친구를 놓칠 뻔했다. 다음 번 방문 때는 카우람처럼 맛깔난 아내와 함께 한국인 친구를 맞아 달라고 부탁했다.

진기津氣는 찹쌀에만 있지 않고 사람 사이에도 충분히 존재할 수 있음을 발견한다.

붉은 강가에서

꽃이 막 피기 시작한 사월이다. 봄꽃 소식과 달리 진한 안개로 인천대교에서 백여 건의 추돌사건이 일어났다는 뉴스가 머릿속을 어지럽힌다. 은근히 걱정이 되었다. 혹시…. 상서롭지 못한 생각을 이내 지우며 빛바랜 교과서를 떠올린다. 국어시간은 상상의 날개를 펴는 시간이었다. 끝없이 펼쳐진 계곡, 그 거대한 계곡 위를 아기손톱보다 더 작은 비행기가 날고 있는 사진을 사십여 년도 넘게 간직했다.

우리 일행을 안내하는 써니는 열 몇 살에 이민 온 청년인데, 내가 간직한 사진처럼 그는 운동회날 팔목에 찍힌 일 등 도장의 추억을 간직하고 있었다. 땀에 지워질까 봐 무던히도 애를 태웠던 순간을 어제 일처럼 말한다. 〈아리조나 카우보이〉란 노래를 구성지게 부르는 써니는 아무리 영어를 잘해도 천생 한국 사람이다. 오늘처럼 그 노래가 귀에 딱 붙은 적이 있었던가. 약주 한잔하시면 아버지께서도 흥얼거리시던 노래였다. 그 옛날 벤죠 줄을 울리던 마차는 없고, 누런 벌판을 최신형 스포츠카가 질주한다.

'국립공원 그랜드캐니언' 흑백사진이 천연색으로 바뀌는 순간이다. 오랜 시간 기다렸고 많은 세월이 흘렀다. 조바심이 인다. 마치 혼자서 그리워하던 사람을 만나기라도 하는 양 수줍다. 그랜드캐니언이 빗장을 연다. 조용함이 되레 멋쩍다. 기대했던 특별한 치장도 없다. 요란한 간판도, 음식점도 없다. 조용한 숲길이다. 몇 개의 주를 넘나들고 해발 얼마를 올라왔다고 설명하지만 실감을 못하겠다. 그랜드캐니언과 그렇게 조우했다.

수억 년 전 지구의 지각변동과 콜로라도강에 의해 침식되어진 그랜드캐니언은 지금도 진화 중이다. 눈앞에 펼쳐진 계곡은 장엄하고 신비스럽다. 떠나는 순간부터 각오하고 온 길이지만 한눈에 다 들어오지 않는 계곡이 버겁다. 조금만 소홀하면 이 장면이 사라지기라도 할 듯 두 눈을 부릅떴다. 마른 바람이 치맛자락처럼 층층의 절벽을 누빈다. 현기증이 인다. 멀리 보이는 황토색 지평선이 아슴푸레하다. 이곳은 눈에 띄는 것이 다 붉다. 붉다기보다 탁한 황토색이다.

갑자기 어릴 때 생각이 난다. 할머니 댁에 아재가 들어왔는데 아주 선머슴이었나 보다. 장작 빠개는 솜씨가 어찌나 형편없는지, 굵은 통나무에 숱한 상처를 내고 부스러기를 남겼다. 아마도 전능하시다는 신도 지구를 빠개려다 아재처럼 서툴렀나 보다. 파인 자국을 그랜드캐니언으로 남기면서. 흰 속살의 통나무와 붉은 속살의 계곡이 어제와 오늘을 넘나든다. 아재를 나무라던 할머니의 잔소리는 정이 담겼는데, 계곡을 돌아온 바람 소리는 사람들과 내기라도 하는 듯 흉흉하다. 날씨는 쾌청하지만 세찬 바람은 사람 하나쯤 계곡 밑으로 끌고 가는 것은 식은 죽 먹기라는 듯 쇳소리를 낸다. 멀리 보이는 절벽과 솟아오른 바위들에 정신을 뺏기다 보니 코앞이 낭떠러지다. 한 발만 잘못 디디면 끝이 보이지 않는 계곡 밑바닥이다. 천당과 지옥의 난간을 밟는 듯 발이 후들거린다.

워낙 방대하고 기기묘묘해서 경비행기로 돌아볼 계획이었으나 바람이 워낙 세어 취소되었다. 공원 측에서 관광객을 고려해 매더 포인트, 브라이트 앤젤 랏지, 데저트 뷰 포인트와 동쪽으로 인디언 첨성대라 일컫는 곳을 관전 장소로 선정해 놓았다. 울타리나 인공 구조물을 세우지 않고 대신 안전한 곳으로 안내한다.

이런 신의 흔적에 사람들이 발을 디뎠다. 그들의 도전과 탐험으로 캐니언이 모습을 드러냈다. 길이가 약 450km쯤이라니, 어림짐

작으로 서울에서 부산을 잇고도 남는 길이다. 폭은 또 어떤가, 좁은 곳은 몇 백 미터부터 넓은 곳은 몇 십 킬로미터다. 강물이 깊은 곳은 천여 미터가 넘는다. 이렇게 길고 넓고 깊은 계곡이 해발 이천 미터에서 펼쳐져 있으니 그 장관에 대해 무슨 말을 더 보태고 뺄 수 있을까.

사우스림south rim에서 본 캐니언은 사막성 기후 탓인지 강물의 흔적이 보이지 않는다. 길고 긴 강물 줄기가 끊이진 않았겠지만 계곡이 너무 깊어 볼 수 없다. 그래서일까, 갈증을 느낀다. 아쉽게도 사람의 체온을 느낄 수가 없다.

그러나 그런 생각은 나의 짧은 생각이었다. 자연은 위대했다. 사람을 받아들일 것 같지 않은 캐니언 속에서도, 그 옛날 사람들이 살았다. 척박한 곳에 뿌리를 내린 인디언들이다. 함께 숨 쉬고 체온을 느끼며 그들은 이곳에 둥지를 틀었다. 계곡은 사람을 품었고, 사람들은 계곡에다 생명을 부어 넣었다. 자연과 사람이 공생할 때 우리는 살아있는 땅, 생명력이라고 부른다. 위대한 계곡에 생명을 불어 넣은 인디언들이 지금은 보호구역 안에서 산다. 늦었지만 그들에게 이 골짜기를 돌려주면 어떨까. 탯줄을 자르고 자손을 낳고 숨을 거둔 그들의 터전이다. 내일은 캐니언에서 살았다는 나바호족이 살고 있는 모뉴먼트 밸리를 찾는다.

영겁의 세월 속에서 고통과 인내로 빚어진 그랜드캐니언, 이 위대한 캐니언이 중년의 나이를 넘긴 한 여자 앞에 겸허히 누워 있다. 강물에 할퀴고 닳아 버린 긴 몸뚱이로, 발가벗은 채. 포효하는 울부짖음과 명주보다 더 부드러움을 제 품에 다 끌어안고서, 캐니언 계곡을 흐르는 강물은 숨기도 하고, 도도하게 모습을 나타내기도 하면서 오늘도 흐른다.

나 또한 살면서 때론 급류의 물살에, 때론 완만하게 흐르는 물줄기에 몸을 적셨다. 지금의 나는 어떤 물살의 흐름 속에서 삶의 가운데를 건너고 있는지 노을 지는 강가에서 자문해 본다. 고작 순간을 살면서 아옹다옹하고 싫네, 좋네, 애증의 종구라기 속에서 허우적거린 모습을 비춰본다. 부끄럽다. 늦었지만 남은 삶이 더 이상 바람결에 흔들리지 않고 여여如如하기를 바랄 뿐이다.

덕수궁, 노을빛과 쪽빛을 품다

오얏꽃이 떨어진다. 그 꽃잎, 바람 속으로 허망하게 흩어진다. 빛이 강할수록 그림자가 짙은가, 조선왕조 영욕의 세월이 주마등처럼 궁궐 안을 덮는다. 한 왕조가 오백 년을 지탱해온 것은 드문 일이라 한다. 긴 세월 속에서 풍성했던 국운은 과거의 영광 속에 묻히고, 늙고 기력을 다한 조선 앞에 불어닥친 거센 회오리바람을 무엇으로 막는가. 나라 안이 불안하다. 국운이 다했는지 왕비마저 일본의 낭인들에게 무참히 희생되는 변을 당한다.

중전을 잃은 고종은 경복궁을 나와 러시아 공사관으로 거처를 옮겼다. 국왕의 일신을 남의 나라의 수중에 맡기니 그 남루하고 비굴함을 어찌 다 표현하리오. 그러나 고종은 굴하지 않고 이듬해, 조선의 자주독립성을 알리는 대한제국을 선포하며 황제로 등극한다. 황제로 칭호를 바꾸고 제국에 맞는 관료체제로 바꾸지만 세상은 대한제국에게 불리하게 돌아갔다. 마치 중병의 환자가 링거를 꽂고 일어나겠다고 발버둥치는 것처럼, 약해진 황제에게 서슬퍼런 일본, 러시아를 비롯 열강들은 나라문을 열라고 압력을 가한다.

석조전은 대한제국의 황제를 위해서 덕수궁 안에 10여 년의 건축기간을 거쳐 준공된 황궁이다. 조선의 궁궐과는 건축 재료부터 달랐다. 질 좋은 나무가 주자재로 쓰인 옛 궁과는 달리 석조전은 돌로 꾸민 건축물이다. 순 서양식으로 완성된 석조전은 근대화를 지향한 고종황제의 의지가 반영된 건물이라는 점에서 의미가 크다고 볼 수 있다.

석조전은 철근 콘크리트 건물이다. 지층은 창고와 주방이고, 1층은 공식적인 행사를 위한 공간, 2층은 황제와 황후의 생활공간으로 꾸며져 있다. 전통적인 궁궐은 편전과 침전이 분리되어 있는데, 석조전은 이를 한 공간에 둔 서양식 궁전형태이다. 일찍이 이런 형태의 건축물이 없었기에 대한제국 최대 서양식 건물이라는 명예를 얻었다. 부국강병을 꿈꾸는 황제가 승인한 건물은 아이러니컬하게 서양인의 생리에 맞는 서양식 건물이었다. 그곳에서 그들을 접견하고 만찬도 베풀었음을 보니 불어닥친 외세 앞에서 어찌할 수 없는 제국의 한계를 보는 것 같아 착잡하다.

접견실과 대식당, 황제의 침실과 서재 등을 갖춘 석조전 내부에서 내 눈을 끄는 것은 황제, 황후의 침실이었다. 침실은 생각 외로 검소했고 사람의 숨결이 배지 않은 침실 내부는 마치 세트장처럼 을씨년스럽다. 중전에 대한 그리움인가, 고종은 석조전의 침실을 외면하고 함녕전에서 계속 머물렀다. 명성황후 대신 안주인이 된 영친왕의 생모 순헌황귀비는 석조전 완공 후 바로 병사했기에 그녀 또한 석조전 침실에서 하룻밤도 보내지 못했다. 제국의 황제나 황제의 여인들은 서양식 건물인 석조전에서 잠자리를 풀지 못했다. 궁도 사람이 사는 곳이다. 여염집처럼 사람과 궁이 어우러져 온기가 돌아야 하는데, 사람을 품지 않은 석조전은 이를 증명이라도 하듯 싸늘함만 토한다.

서양 사신을 위한 만찬을 즐겼다는 기록에서 보듯이 대식당에는 대한제국 이화문 백자를 식기로 사용했다. 식탁에는 금방이라도 음식을 대령할 듯 은제 식기류가 빛을 발하고 있다. 그러나 대식당의 파티는 오래가지 않았다. 일제가 대한제국의 외교권을 탈취하자 그 부당함을 알리기 위해 고종은 해외로 특사를 보냈고, 이를 빌미로 일본은 고종을 퇴위시키고 순종을 즉위시키지만 한일 합방이라는 국치가 기다리고 있었다.

나라 잃은 황제가 설 곳이 어디 있겠는가. 늙은 사자를 향해 무차

별로 공격해 오는 승냥이 무리 속에서 사자는 온 힘을 다해보지만 기력이 바닥 난 사자는 휘청거리며 무릎을 꿇는다. 조선 말기의 상황을 떠 올리니 언제가 보았던 동물의 세계가 연상된다.

오늘날, 궁궐은 관광지로 바뀌었지만 정작 주인이 없는 궁 안은 적막하기만 하다. 안타까운 점은 차라리 역성혁명을 했더라면 어땠을까. 젊은 에너지, 새로운 힘이 조선을 이어받아 새 나라를 세웠다면 적어도 일본에게 나라를 뺏기지는 않았을 거라 생각된다. 변화하는 세계의 흐름을 읽지 못하고 무능한 왕과. 외척, 권문세도가. 힘없는 백성의 합작으로 나라을 뺏겼으니 누구를 탓할까. 조국을 찾기 위해 잔인한 일제의 고문으로 죽은 선조들의 한이 궁 안을 서성거리지 않을까. 부끄럽고 참담하다.

달도 차면 기운다. 궁궐터는 금방 비질을 마쳐 정갈하다. 제국의 영광보다 침몰하는 난파선의 무기력함이 세대를 뛰어넘어 가슴속을 밀고 지나간다. 허전하면서도 마음이 쓰리다. 그런 쓰라림은 어떤 빛깔일까. 서글픈 노을빛일까, 아님 이가 시리도록 찬 쪽빛일까.

동양의 궁궐 함녕전, 서양식의 건물 석조전을 한 울안에 품고 있는 덕수궁은 마치 두 남자를 숙명처럼 받아들여야 하는 어느 기구한 여자의 운명처럼 느껴진다. 물론 나도 조선의 딸이니 그 운명에서 자유롭지 않지만.

문화재청에서는 대한제국의 역사적 의미를 부여하고자 5년여의 보수공사 끝에 '석조전 대한제국역사관'으로 문을 열었다. 미술관, 국제 회의장, 박물관 등으로 사용되면서 원형이 많이 훼손되었다는 석조전을 가능한 한 고증을 거쳐 신고전주의 양식인 준공 당시의 모습으로 재현했다.

가네코가 된 송신도

그녀의 나이 고작 열여섯이었다. 올해 89세인 송신도 할머니는 중일 전쟁 때 끌려갔다. 일본인들은 공장에서 열심히 일하면 돈을 많이 벌 수 있다고 순진한 처녀들을 속였다. 공장일이 아무리 힘들어도 견디고 집안을 일으키리라. 남보다 두세 배 더 일할 각오로 어린 계집애 송신도는 싸리문을 나섰다.

일터를 알선한다는 것은 처녀들을 데려오기 위한 일본의 속임수였다. 할당된 인원수를 채우기 위해 혈안이 된 일본인들은 온갖 감언과 위협으로 그녀들을 차에 실었다. 몇날 며칠을 달렸다. 밤샘의 차멀미에 누렇게 뜬 얼굴로 그녀가 도착한 곳은 황사바람이 불어오는 황무지 벌판이었다.

중국의 어느 전쟁터에서 영문도 모르는 채, 그렇게 일본군을 상대하는 여자가 되었다. 무섭게 휘몰아친 모래바람은 그녀의 영혼을 쥐고 달아났다. 죽기를 작정하고 탈출을 꾀했다. 어린 계집애가 달아나면 어디로 달아날까. 그래도 달아나기를 멈추지 않았다. 잡히면서 군인들이 휘두른 몽둥이에 터진 고막은 그녀를 듣지 못하는 불구로 만들었고, 칼에 찔린 자국은 게딱지처럼 그녀를 괴롭힌다. '가네코' 라는 문신은 그녀가 종군위안부임을 증명한다.

전쟁이 끝났을 때, 송신도는 귀국선을 탈 수가 없었다. 없애버리고 싶은 종군 증명서였지만 그마저 자살을 기도할 때 잃어버렸기에. 어린 계집아이의 삶을 철저하게 유린한 일본을 떠날 수가 없었다. 그녀는 결국 국적이 없는 무등록자로 남았다. 패전의 일본이 한국동란을 계기로 고도성장을 해도 그녀는 일본에서도, 전쟁 중인 고국에서도 잊힌 여자였다.

술에 절어 자신을 버리고 또 다시 자살을 시도했다. 섬뜩한 칼날에서 이는 섬광을 보았다. 죽는 것도 마음대로 되지 않고 다시 태어나는 순간이었다. 과거를 밝힘으로써 더 심한 편견과 질시가 돌아오겠지만 송신도는 용기를 냈다. 많은 위안부들이 병을 얻어 죽고 그나마 살아남은 사람들은 어둠 속으로 몸을 숨겼다. 폐인처럼 지내던 그녀가 죽기 전에, 종군위안부라 불리는 소녀들의 억울함을 알리고, 일본의 사과를 받아야겠다는 결심을 했다. 본인이 일본

군에 끌려가서 위안부생활을 했던 조선여자라고 밝히고, 짐승처럼 당했던 수년간의 고통을 진술했다.

불빛조차 숨을 죽인 창고 안은 겁에 질린 수십 명의 조선소녀들이 바들바들 떨고 있었다. 그녀들은 일본 이름을 강요당하고, 쉽게 벗을 수 있도록 옷 한 개만 입고 있으라는 명령을 어길 수가 없었다. 하루에 수십 명, 때론 그 수가 너무 많아 셀 수가 없었다. 혹사를 당한 소녀들은 너 나 할 것 없이 제대로 걷지를 못했고, 다리를 펼 수도 몸을 구부릴 수도 없었다. 견디지 못한 소녀들이 죽어 나가기 시작했다. 화학약품을 마시기도 하고, 총으로 맞고 구둣발에 차이고, 벽에 머리를 으깨고 죽으려는 소녀, 영양실조로 강가에 버려진 소녀, 폭탄 맞아 죽기도 하고, 그들은 일본전쟁의 인간소모품이었다. 결국 발악하던 전쟁은 일본의 패망으로 끝이 났다. 만신창이가 된 딸은 아버지의 죽음을 목격한다. 무일푼, 상처의 흔적들, 남자 혐오증, 자궁도 없고, 가족도 없고, 죄의식과 수치심, 결핵과 심장질환은 그녀들의 몸을 갉아 먹었다. 살아남은 것이 원망스러웠다.

–위안부 할머니의 진술에서

위안부 송신도는 일본정부를 상대로 소송을 냈다. 그러나 십여년에 걸친 소송결과는 일본 최고 재판소의 판결문 몇 줄로 끝이 났

다. '상고를 기각한다. 청구권 시효가 지났다. 국가에게 개인이 배상을 요구하지 못한다.'

이에 굴하지 않고 송신도 할머니는 법정에서 꿋꿋하게 외쳤다.

"승소하지 못했지만 나의 마음은 결코 너희에게 지지 않았다."

슬픈 소녀들의 눈물이 아직도 마르지 않았다. 더 늦기 전에, 할머니들이 세상을 뜨기 전에 그녀들의 눈물을 닦아줘야 한다.

일본 대사관 앞에 평화의 소녀상을 세우고 온 국민이 아픔에 동참한다. 거칠게 잘려나간 머리카락, 왼쪽 어깨에 앉은 새, 땅에 닿지 않는 맨발의 뒤꿈치. 소녀상은 단순한 청동주물을 넘어 '피그말리온' 신화를 탄생시켰다. 국민들은 불상을 예배하듯 소녀상을 대한다. 할머니들의 한, 그리고 그 한을 풀어주고 싶은 우리 염원이 소녀상에 담겼기에. 추운 날씨에 감기라도 걸릴까, 목도리와 털모자를 씌워준다.

'과오를 범한 사람은 잘못에 대한 처절한 반성과 피해자에게 진정한 사과와 용서를 구하고 그로 인해 입은 손실의 배상을 통해서 참된 정의와 사랑을 체험하게 된다.'는 어느 성직자의 강론이 우리의 마음을 대변한다. 피해자의 마음을 녹여주지 못하는 가해자의 졸렬한 오만함이 우리를 슬프게 한다.

2011년 3월 11일, 긴급뉴스를 알리는 자막이 TV 화면을 메운다.

'9.0의 강진이 해일을 일으키며 일본 동북부를 강타했다. 규모가 간토대지진에 이어 두 번째로 크다. 사망과 실종자가 삼만 명을 넘었다.'

어찌 단풍만 붉으랴

'그 운동화로 산에 올라갈 수 있을까.' 주위의 걱정이다. 생각지도 않은 문제가 신발에서 생겼다. 그렇다고 되돌아갈 수도 없고 불안하다. 편리하게 요즘 고속도로 휴게소에서 등산용품을 판단다. 그러나 기대했던 가게는 새벽이라 문을 열지 않았다.

비가 내린다. 지리산 등산로에 도착할 때까지 계속되었다. 한 치 앞을 가늠할 수가 없다. 안개, 구름, 비, 잠깐 잦아들다 다시 안개, 구름, 비다. 산길 또한 만만치가 않다. 산죽으로 덮인 오르막길은 끝이 보이지 않는다. 이렇게 돌산에 가파른 줄 알았다면 따라나서지 않았을 텐데, 그저 경치 좋은 곳에, 기도하기 좋은 곳에 부처님을 모셔 놓지 않았을까. 안일함으로 동행을 결정하다니. 매사에 이런 식이다.

절은 해발 1450미터에 위치하고, 2400미터의 산길을 걸어야 했다. 그곳에서 조금만 더 오르면 천왕봉이니 하늘 아래 첫 절이란 말에 수긍이 간다. 우비를 입었건만 몰아치는 빗물에는 속수무책이다. 정말 우려했던 낙상이라도 당하면 어쩌나, 돌계단을 살피며 딛는 다리에 경련이 인다. 걸을 때마다 '쿨컥'거리는 운동화는 노인네 기침소리를 낸 지 오래다. 그럼에도 불구하고 무엇에 끌린 듯 기를 쓰고 올랐다.

지리산에 위치한 법계사는 신라 진흥왕 때 연기조사가 부처님 진신 사리를 모신 곳이다. 역사는 오래되었지만 세속의 거대한 유명 사찰과는 거리가 멀다. 좁은 암자에서 시작한 절은 수도자의 기도처가 되고 산신할머니를 모시는 민속신앙의 모태가 되었다. 6 · 25 동란 때 소실되었다가 최근에 중건했는데 기와 불사가 계속 중이다. 워낙 산세가 높고 골이 깊다 보니 동란 중에는 빨치산들이 점거해서 동족끼리 총을 겨누는 현장이 되었고, 법계사가 흥하면 일본이 망한다는 속설로 일본인들이 박아 놓은 쇠말뚝을 십여 년 전에 뽑아냈다고 한다.

모진 세월을 견딘 법계사의 마당에서 아래를 내려다본다. 온통 붉음이다. 엉킨 과거의 흔적을 안았음에도 가을비에 젖은 산은 그렇게 쓸쓸해 보이지 않는다. 표내지 않고 의연하게 자리를 지키고 있다. 배고픈 새끼를 끌어안고 토닥이는 어미의 품처럼, 넉넉함이 가을비의 차가움을 채운다.

싸한 바람이 빗물에 젖은 낙엽마저 떼어 낼 모양이다. 어지럽고 사납게 휘몰아친다. 그럼에도 불구하고 무슨 미련이 그리 많은지, 낙엽들은 꼼짝도 안 한다. 절 마당까지 얼마나 된다고 이리 찢겨서 떨어지나. 낙엽을 하나 집어 들었다. 새가 쪼았는지, 바람결에 찢겼는지, 성치 않은 잎이다. 붉은색이 이렇게 다양했던가. 형언하기 어렵다. 갓 불든 주홍도 오래된 주황도 더 진한 갈색도 텃세 부리지 않고 서로 어우러져 있다. 말라버린 눈물처럼, 물기 없는 낙엽이 자존심을 잃지 않으려고 뻿뻿하게 버틴다. 놓아준다. 빠져나온 낙엽이 자유롭다는 듯 제자리를 찾아 땅에 붙는다.

갚지 못한 이승의 빚이 아직도 남았는가. 영혼들의 아우성이 산울림이라도 된 듯 우수수 소리를 내며 떨어진다. 잎사귀가 절 마당을 채운다. 우리들의 피가 서린 지리산이다. 며칠씩 굶어 헛것이 보이는 상태에서 얼어붙은 산속을 감발로 쫓기던 순간을 이태는 〈남부군〉에 적었다. 먹을 것이라곤 하얗게 쌓인 눈밖에 없다. 타는 듯한 갈증 속에서 눈 녹인 물 한 모금도 아쉬운데 하얀 쌀밥이 수북하게 담긴 사발을 본다. 그 밥을 뺏기지 않으려고 안간힘을 쓴다. 멀리서 어머니의 희미한 손짓이 보인다. 짧은 이승의 숨이 멎는다. 원했든 원치 않았든 빨치산의 생이 끝나는 순간이다.

편향된 이념은 적대감을 낳았고, 적대감은 체제를 위협하는 불온사상이 되었다. 사상전향을 거부한 산속의 젊은이들은 어두운 세상을 살다 그렇게 얼어 죽었다. 사람의 발자국은 전설을 남기고 채우지 못한 사랑은 한을 남긴다. 어찌 단풍만 붉을까. 단풍보다 더 붉게 응어리진 한이 산속을 헤매지 않는가.

부처님의 진신 사리를 모신 삼층탑이 바로 지척이다. 촛불을 켰음에도 법당 안은 어둡다. 그 진한 어둠 속에 나를 내려놓는다. 산 자와 죽은 자의 명암이 얼룩진다. 살면서 지고 온 고단함이 물에 젖은 솜이다. 그냥 그렇게 주저앉아 아무 생각 없이 쉬고 싶다. 잠깐이라고 생각했는데 머문 시간이 길었나 보다. 하산을 서두른다.

겨울산은 해가 빨리 진다. 물기를 머금은 산속은 정갈했고, 홍시보다 더 진한 붉음으로 맘껏 호사를 한 지리산이 발걸음을 잡는다. 불어난 계곡물은 허연 광목천을 길게 휘두르고, 곳곳의 웅덩샘에는 누가 구슬을 쏟았는지 색색의 낙엽들과 마냥 희희낙락한다. 사람의 감정 따위에는 관심 없다는 듯.

절 마당까지 승용차가 들락거리는 요즘에, 법계사는 편리함을 거부했다. 한 발짝 뗄 때마다 땀을 요구했다. 그리고 오르막의 인내와 내리막의 겸손을 보여주며 껄끄럽게 박혀있는 가시를 뽑으라고 이른다. 법계사가 유독 높고 깊은 곳에 자리하고 있는 이유이지 싶다.

떼어내지 못한 붉은 잎이 아직도 마음을 잡고 있는데, 버스는 벌써 도심으로 진입한다. 중생은 법계와 세속의 경계선에서 심호흡을 한다. 시간이 필요한데.

5부

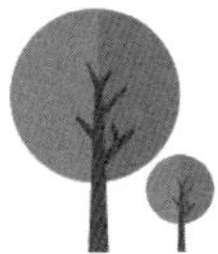

그믐밤이다. 달은 손톱만 한 흔적을 남기면서 저 혼자 넘어간다. 걸러지지 않은 투박함이 보석처럼 기억되는 것은 돌아갈 수 없는 그 시절의 아련함 때문인가. 눈빛 하나, 손끝 하나에 떨리던 젊은 날은 그렇게 가버리고 오래된 기억이 어제 일인 양 어둠 속을 채운다.

탁구, 오래된 기억 속에서

유승민이 리오 올림픽대회 중에 IOC 선수 위원으로 선정되었다. 세계적인 선수들과 겨뤄 당당히 당선된 것을 보니 자랑스럽다. 축구를 유난히 좋아하고 열광하는 우리나라에서 탁구선수로 올림픽 금메달까지 딴 그의 탁구열정과 도전정신이 빛난다. 감동의 뉴스를 보니 탁구에 얽힌 추억이 떠오른다.

아이들이 중, 고등학생이 되고 주거지가 정착되면서 나름대로 살림에 재미가 붙었다. 그러다 보니 부부가 함께 운동을 했으면 하는 생각이 들었다. 날씨의 영향을 덜 받고 집 가까이 있는 시설을 찾다 보니 탁구였다.

준비물도 라켓만 있으면 됐다.

"내가 탁구를 좀 쳤거든요."

"당신이?"

몸치로 인정한 지가 오래인데 마누라가 탁구를 쳐 봤다니…. 결혼 후 처음 듣는 소리가 아닌가. 초보가 아니라니, 그렇다면 그에 걸맞은 용구를 준비해줘야지. 요즘처럼 인터넷 쇼핑몰이 번성할 때가 아니어서 라켓 값도 만만치 않았다. 남편은 내게 십오륙만 원이 넘는 고급 라켓을 선물했다.

P수련원에 있는 탁구장을 찾았다. 기존 회원들은 열심히 운동을 하고 있고 나처럼 입회 순서를 기다리는 사람도 생각 외로 많았다. 탁구가 이미 생활 스포츠로 자리를 잡았음을 보여준다. 초보 회원은 코치의 관문을 거친다. 중학교 때 이후 처음으로 라켓을 잡았다. 남편은 마음껏 쳐 보라는 듯 어깨를 으쓱하며 내 기를 돋워 준다. 코치의 볼을 받기 위해 온 신경을 모았다. 마음은 훤한데 몸도 손도 말을 듣지 않는다. '이게 아닌데.' 아무리 용을 써도 공은 계속 빗나간다. 헛손질의 연속이다. 오랜만에 라켓을 잡아 감이 떨어졌을 거라며 남편이 다독여준다.

평소 탁구에 대해 별말이 없던 남편은 탁구장에 가니 의외로 인기가 좋았다. 하루는 복식 멤버가 결석했다면서 동호회원들이 남편을 청한다. 그것도 남녀 복식조로. 실력이 안 된다고 하면서도 싫지 않은 기색이다.

초보자의 엉뚱한 볼로 고수들의 게임을 방해받지 않도록 배려했는지 상급자의 탁구대는 저만치 떨어져 있다. 탁구대의 거리감보다 남편과 나의 거리가 더 멀게 느껴지는 비참한 밤이었다. 도통 운동할 마음이 나질 않는다. 집으로 확 가버릴까. 유치한 생각이 머릿속을 비집고 든다. 나름 생각해보면 이보다 더한 진리도 없지만. 공부하는 곳에서는 공부, 돈 버는 데서는 돈, 운동하는 곳에서는 운동 잘하는 사람이 왕이다.

나는 왕이 되지 못한 잠룡으로 속을 끓이고 있는데, 이번에는 유난스런 여자의 괴성이 번번이 남편 쪽에서 난다. 심기가 편치 않다. 슬쩍 훑겨보니 남편조의 여자가 한 점을 딸 때마다 소리를 지르며 환호를 한다. 점수를 따면 땄지 웬 환호성이야. 그래도 환호까지는 봐 주겠는데, 하이파이브를 하자고 손바닥까지 치켜들며 달려드는데 남편은 평소와 다르게 어찌 그리도 환하게 웃으며 즐겁게 손을 부딪치는지.

아하, 공연히 비싼 라켓을 샀구나, 후회막급이다. 환불할 수도 없고, 보고 있자니 속에서 천불이 나고. 이 모든 것이 탁구를 좀 쳐봤다는 나의 과장어법이 부른 화근이다.

고백하건대, 나는 탁구 선수가 아니었다. 탁구 선수로 키울 학생을 찾는 체육선생님 눈에 띄었고, 체격 조건에서 합격을 하니 매일 방과 후 강당에 모이란다. 서너 달을 코치가 가르치는 대로 라켓을 들었다 놓았다는 반복했다. 그러나 거기까지였다. 늦은 귀가를 이유로 부모님이 반대해서 탁구 반에서 나왔다. 하여 상급학년 선수들 뒷바라지와 서너 달 라켓을 휘두른 것이 나의 탁구이력의 전부였다.

"사실은 나 탁구 잘못 쳐."

"알고 있어, 그러나 나는 당신의 그 자신감을 높이 평가하지…."

"앞으로는 높이 평가하지 마세요."

뭐 한 사람이 성낸다고, 들통 난 실력 앞에서 억지를 부렸다. 지기 싫어하는 마누라의 기를 꺾지 않으려고 남편은 기분 좋게 속아주었다. 이런저런 우여곡절을 겪으면서 일 년 가까이 다녔다. 매달 동호회도 참여하다 보니 낯설던 상급자들과도 친해졌고 교대로 그들이 쳐 준 덕분에 실력도 좀 늘고, 한 점 딸 때마다 나도 모르게 환성이 터져 나왔다. 남편이 복식조의 선수로 뛴 덕분에 나까지 선수급의 융숭한 대접을 곧잘 받았지만 아쉽게도 선수로는 발탁되진 못했다. 탁구를 잘 치려고 애달았던 기억에 웃음이 난다. 실력의 차이를 인정할 수밖에 없던 그 시절의 씁쓸함도 돌이켜보니 그것마저도 달곰한 추억의 단면이다.

그믐밤이다. 달은 손톱만 한 흔적을 남기면서 저 혼자 넘어간다.

걸러지지 않은 투박함이 보석처럼 기억되는 것은 돌아갈 수 없는 그 시절의 아련함 때문인가. 눈빛 하나, 손끝 하나에 떨리던 젊은 날은 그렇게 가버리고 오래된 기억이 어제 일인 양 어둠 속을 채운다.

내일은 라켓을 찾아봐야겠다.

여보, 여기 안경

막걸리를 대짜배기로 살 때 이미 눈치를 챘어야 했는데. 막걸리를 양조장까지 가서 샀지만 그것을 우리가 다 마시리라고는 우리 둘 중에 누구도 생각지 못했다. 여름날 밭일이라는 것이 어디 한두 시간에 끝나는가. 일을 하다 보면 아랫집 친구도 올라와서 잠시 놀기도 하고, 오고 가는 길에 들리는 동네 아는 얼굴들도 있어서 누가 먹던지 넉넉하게 준비하면 좋겠다는 생각에 모리미라고 불리는 원액 막걸리 한 병, 설탕 타서 먹으면 여자들도 곧잘 마시는 막걸리 한 병, 두 병을 기분 좋게 준비했다.

한동안 가물었다. 물이 부족해서인지 정작 자라야 할 채소류는 시름시름하는데 밭의 잡초들은 그런 와중에도 무섭게 기승을 부린다. 감히 농사라고 부르기도 미안하지만, 아무튼 밭에 심어놓은 작물 몇 포기를 살리기 위해서 우리는 일을 해야 했다. 별 재주가 없는 우리가 할 수 있는 일이란 주로 풀 뽑기인데 그것도 날이 계속 가물다 보니 차일피일 미뤄지고 마음만 바빴다.

비 오기를 학수고대했다. 예전에도 가문 적이 더러 있었지만 그렇게 실감하지는 못했다. 사람은 다 자기가 겪어 봐야 그 심정을 안다. 내가 이러할 때 농부들은 어땠을까, 그들의 까만 얼굴이 타는 가슴속을 내비쳤나 보다. 비만 오면 한달음에 달려가 저 기세 오른 잡초를 다 뽑아 버려야지 하고 별렀다.

그렇게 기다리던 비가 저녁부터 내리기 시작했다. 안 오던 비가 때를 만났나. 밤새 쏟아졌다. 아니 그러고도 이삼 일을 더 내렸다. 기세 좋던 잡초도 알맞게 물러진 흙덩이 앞에서는 손발 다 들고 쏙쏙 빠져 나온다. 한 구덩이를 맬 때마다 신이 났다. 얼마나 풀 뽑기에 열중했나, 목이 뻣뻣해진다. 무성한 풀들이 대충 우리 손에서 거덜이 났다.

식사 때를 놓친 데다 풀을 얼추 뽑았다는 안도감과 함께 무섭게 허기가 졌다. 땀도 많이 흘린 뒤라 목도 타고 그래서인지 배가 아프면서 고프다. 굽힌 허리를 조심조심 편다. 남편과 이심전심으로 손을 잡고 일어섰다. 올려다본 하늘은 언제 비 왔나는 듯 새파랗고.

며칠 간 온 비로 골짜기에는 맑은 물이 도랑을 이루며 흘러내린다. 한때는 동네사람들의 미역 감는 장소였다는데, 지금은 위에서 식수로 먼저 저장하기 때문에 평소에는 물 구경이 쉽지 않다. 남편과 나는 물가에 자리를 잡았다. 갈증도 해소할 겸, 일을 마친 해방감도 맛볼 겸, 대접에 넘치도록 찰찰 막걸리를 부었다. 한 잔은 목축임으로, 또 한잔은 피로회복으로, 농부는 역시 농주를 마셔야 한다고 시시덕거리며 마셨다. 술기운이 오른 우리는 물줄기 위로 바가지를 휙 던져 둥실둥실 떠내려오면 그 바가지에 술을 따라 마시며 놀았다. 포석정이 따로 없다. 물놀이를 하다 거치적거린다고 남편이 안경을 셔츠에 꽂는다. 거기까지는 나도 보았다.

어떻게 농막 안으로 들어 왔는지 모르겠다. 잠에서 깼을 때는 기나 긴 하루해가 지고 사방이 깜깜했다. 나보다 먼저 깬 남편이 뒷수습을 하고 있다. 아차, 내가 취해도 보통 취한 것이 아니었구나. 정신이 드는 것도 같고, 아직도 취한 것 같기도 하고, 참 주책스럽고 난감하다. 남편 보기도 창피하다. 술은 같이 먹었지만, 그 후편이 영 부끄럽다. 그 와중에도 머리에 남는 것은 우리가 오랜만에 진하게 뽀뽀를 했다는 사실이다. 나는 그 기억에 얼굴이 확 붉어져 쉽게 눈을 뜰 수가 없다.

아까부터 몇 번을 들락이던 남편이 "이상하다. 분명이 안경을 옷에 끼워놓았는데…." 혼자서 중얼거린다. 무안함에 자는 척하던 내가 "아니, 안경이 없어졌어요?" 하고 알은체를 하니 몇 번을 물가에 가서 찾았는데 보이지 않는다며 매우 아쉬워한다.

나는 부끄러움을 털고 열녀가 되어 기세 좋게 일어났다. 그리고 안경을 찾기 위해 깜깜한 골짜기를 비틀비틀 내려갔다. 한낮보다 기온이 많이 내려간 골짜기는 여전히 콸콸거리며 물이 흐른다. 낮 동안 너희가 얼마나 많은 술을 마셨는지 알고 있다는 듯이 골짜기 물이 "쉐쉐"거린다. 나는 취한 중에도 안경을 찾고 싶었다. 망설이지 않고 물에 발을 디밀었다. 차갑다. 선뜻하다. 어둠 속에서 눈을 크게 뜨고 이리저리 살폈다.

이때였다. 무언가가 반짝한다. 혹시 하며 손을 물속으로 넣었다. 그것은 남편이 그렇게 찾으려고 애쓴 안경이었다.

"여보, 여기 안경." 소리를 질렀다. 나보다 남편이 더 놀란다. 이파리 사이에 안경이 숨어 있다. 안경다리에는 어느새 나뭇잎이 몇 개 걸려 있다. 걸려 있는 나뭇잎을 털어 내지도 않고 전리품처럼 남편 손에 쥐여 주었다. 남편이 그렇게 찾았건만 고맙게도 내 눈에 띄다니…. 기분이 참 좋다. 깜깜한 하늘에 별이 나오기 시작한다. 얼마 만에 쳐다본 하늘인가. 쏟아지는 별만큼이나 안경알이 빛난다.

본처와 애첩

밥솥에 불을 지핀 지가 꽤 오래되었다. 새벽운동을 할 겸 집을 나선다. 날도 덥고 피곤하니 밖에서 식사를 하자는 남편의 말이 솔깃하다. 젊을 때, 하루 삼시 세끼를 준비하다 보면 한 끼쯤은 내 손 거치지 않고 밥상을 받았으면 한 적도 있다. 그러나 밖에서 식사하는 것에 거부감을 나타내는 남편과 살다 보니 거의 포기했다. 밖에서 밥을 먹자는 말을 먼저 하리라고는 생각지 못했는데 나이 들며 복이 터져도 단단히 터졌다.

요즘 TV에서 인상 좋은 남자 요리사가 집밥 만드는 법을 알려준다고 인기를 모은다. 매일 집에서 먹었던 음식이 이름하여 집밥인데 새삼 집밥이 인기를 끈다. 새로울 것도 없는 일들이 새롭게 부각되는 것을 보니 내가 변하듯이 사람들도 변하고 있나 보다.

냉장고가 없던 시절 이야기다. 한여름철, 아침에 김치를 담그면 저녁 무렵에는 익느라 가스 방울이 부글거리며 끓어오른다. 달랑 둘이서 시작한 신혼살림에 열무 한 단을 담그면 먹는 것보다 시어서 버린 것이 더 많다. 꾀를 내었다. 시장에서 먹음직스런 김치를 조금 샀다. 뒤늦게 이 사실을 안 시어머니께서 사색이 되었다. 어찌 김치를 다 사먹느냐고….

짧은 기간에 세상이 참 많이 바뀌었다. 이제는 김치는 말할 것도 없고 제사 음식까지 사고파는 세상이 되었으니. 필요에 의해서 사 먹을 수 있고, 특별한 기호식품 등은 전문가가 하는 것이 더 맛있고 풍미를 맛볼 수 있으니 외식의 장점이기도 하다. 그러나 시간이 없다는 이유로 밖에서 식사를 해결하는 경우 이점만 있는 것은 아니다. 인스턴트음식으로 영양의 불균형도 있고, 빨리 먹고 빨리 일어나야 하는 성급함으로 쉼을 잃는다. 현대인의 삶이 더 고단해짐을 부인할 수 없다.

여성들의 사회진출이 많아지니 자연 집에서 밥 먹기가 쉽지 않다. 요즈음엔 다정한 친구와의 한 끼 식사도 밖에서 한다. 좋은 재료도 중요하지만 음식을 만드는 시간과 품을 무시할 수 가 없고 오히려 그것들은 재료값의 몇 배를 차지한다. 사람들은 돈보다 가치가 중요하다고 하지만 결국 돈으로 환산한다. 그래서일까, 대부분의 사람들이 간편함을 이유로 한 끼쯤은 배달음식이나 가까운 음식점을 찾는다. 허기진 배는 집밖에서 채울 수 있지만 따뜻함은 채워지지 않는다. 채워지지 않는 허기를 화면 속 집밥으로 만족하면서.

그래서 찾는 것이 집밥 식당이다. 적당히 원초적인 음식을 우린 '집밥' 같다고 좋아한다. 누구나 마음속에는 집밥의 정서를 그리워한다. 집밥에는 그 집의 가풍이 녹아 있고, 아내의 정성과 엄마의 손맛, 어린 시절의 추억이 묻어 있어 따뜻하다. 그리고 늘 먹었던 익숙함으로 주저 없이 수저를 들게 된다.

집밥과 외식의 차이는 무엇일까. 요란하지 않고 정갈하며 은근한 맛이 배어 있어 질리지 않는 본처 기질의 집밥, 손 하나 까닥하지 않아도 모든 것을 대령하는 창 넓은 식당에서의 메뉴들, 친절함까지 부과된 계산서를 생각하며 먹는 외식은 왠지 불안한 애첩 기질을 띈다.

은퇴 이후, 외식을 하자는 그의 배려만으로도 고맙다. 매식을 그리도 싫어하는 남편의 성정을 알면서도 늘그막에 보이는 그의 아내 사랑에 못이긴 척 번번이 따라나섰다.

밖에서 식사를 자주하다 보니 왠지 마음이 불편하다. 대중적인 밥집도, 고급 음식점도 편치 않기는 마찬가지다. 내 가족에게 내 노력이 들어가지 않은 음식을 먹게 한다는 양심이 발동한 건지, 아님 내 집 주방이 그래도 가장 편한 자리라는 생각이 들었는지 아무튼 내가 놀던 주방이 그립다.

본처와 애첩이 나의 간택을 기다리는 저녁시간이다. 오랜만에 본처의 기질을 보일 때다. 주방의 오디오 볼륨을 높이고 앞치마를 두른다. 싱싱한 국내산 우렁을 넣어 보글보글 강된장을 끓이고, 갓 따온 풋고추 옆에 어린 호박잎도 넉넉히 쪄놓으리라. 차가운 열무김치는 유리그릇에 담고, 통통하게 살 오른 가자미는 노릇노릇하게 구울 것이다. 보리가 알맞게 섞인 잡곡밥은 여름철에 제 맛을 낸다. 먹어도 먹어도 또 먹고 싶은 집밥의 소박함이 허물을 튼다.

과감하게 애첩을 떼어 낸 나의 기상이 아직 녹슬지 않았다. 한자리에서 오래 머물며 나누는 담소에 정이 깊어 간다. 소소한 일상이 식탁머리에서 시작된다.

배냇저고리

정결하다. 흰색이라서 더 그렇게 보이나 보다. 마전을 끝낸 청결한 무명천을 앞에 놓고 벌써부터 젖내를 맡는다. 아직 아기의 살갗이 닿기도 전인데 할미의 맘은 성급해진다. 보드라운 천을 만져보며 천보다 더 보드라운 아기에게 젖을 물리던 젊은 날을 생각한다.

지금처럼 체계적인 육아 교육은 받지 못했지만 적어도 내 아이는 모유로 키우겠다는 의지만큼은 대단했다. 젖이 불어서 앞섶을 흠뻑 적셔도, 젖이 발효되어 시큼한 냄새가 몸에 배어도 부끄럽지가 않았다. 엄마의 젖을 배불리 먹고 깊은 잠에 빠진 아기를 바라보며 '세상 끝날 때까지 이 엄마가 너를 지켜주마.'라고 다짐했던 기억이 난다. 강물처럼 세월이 흘러 그 아기가 어른이 되었고 이제 아비가 된다니…. 처음 아기를 안던 그 마음 그대로 마음이 설레고 들뜬다.

그리고 조물주의 오묘한 신비에 감사드린다.

원래 손이 귀한 집안이지만 이렇게 긴 기다림을 주시리라고는 생각지 못했다. 아들 며느리도 손주를 기다리는 우릴 보면 미안해하고, 그런 아들내외가 안타까워 그동안 사실 내색도 못했다. 주님이 점지해주시는 일을 저힌들 별수 없지 않은가. 주실 때까지 기다릴 수밖에.

팔 년 만에 찾아 온 기쁜 소식이다. 환한 웃음으로 버무린 임신소식에 온 집안이 들썩거린다. 손주가 태어나면 우선 엉덩이를 한 대 때려줄까 보다. 저의 부모는 말할 것도 없고 이 할미를 애태운 벌로 말이다. 그리고 넉넉한 내 품에 오랜 시간 안아주고 싶다. 흔해서 누구도 샘내지 않고 무병장수하라고 손주의 태명을 개똥이라 지었다.

그동안 손주가 생기면 이런 옷도 저런 옷도 입히면 얼마나 예쁠까. 즐거운 상상을 하며 봐 두었던 아기 옷들이 떠오른다. 색깔도 은은하고 모양도 여간 귀엽지가 않다. 마치 예쁜 옷이 없어 내 아이의 인물이 돋보이지 않아 억울하기라도 했던 것처럼. 아기 안은 젊은 엄마들을 부러워한 적도 많았다.

아들 녀석들이 입었던 배냇저고리가 아직도 장롱 한쪽에 고이 개켜져 있다. 손바닥보다 조금 큰 배냇저고리. 세월 따라 색은 바랬지만 아직도 젖내가 밴 듯한 배냇저고리는 탯줄처럼 우리 모자를 이어주고 있다. 저희들이 분가를 해도 배냇저고리는 주지 않았다. 왠지 허전해서 내줄 수 가 없었는데, 이제 태어날 손주에게 제 아비가 입었던 것이라며 건네줄 때가 온 것 같다.

개똥이의 배냇저고리를 만들어주고 싶다. 세상에 태어나서 맨 처음으로 입을 옷을 이 할미가 만들어 주고 싶은 욕심이 난다. 사 입는 옷에 익숙해진 탓으로 오랜만에 반짇고리를 만진다. 처음으로 아기의 살갗에 닿는 옷인 만큼 따뜻함과 깨끗함에 유의해야 한다. 게다가 갓난아이의 혈액순환이 잘되고 움직이는 데 어려움이 없도록 옷이 편해야 할 것이다. 더 신경을 쓴다면 입히고 벗기기 쉽도록 넉넉하고 간편하게 만들어야 한다. 등이 배기지 않도록 솔기를 하지 않고 저고리 기장은 배를 덮어 보온이 되도록 하고 소매는 길게 만들어 손을 가렸다. 혹여 손톱으로 작은 상처를 낼지 모르니까. 옛날에는 아이의 수명이 실처럼 길게 이어지라고 실을 꼬아서 고름을 달았다는데 그런 염원을 담아 옷고름을 길게 만들어 달았다.

배냇저고리를 만들며 책자를 찾아보니 집안의 장수한 어른이나 어머니의 옷으로 배냇저고리를 만들어 아기의 장수를 빌었다고 한다. 그러나 요즘은 품질 좋은 천연섬유가 많아 배냇저고리를 새 천으로 만든다. 다만 장수의 염원을 담아 박음질과 홈질을 한 땀 한 땀 손바느질로 했다. 남자아이의 배냇저고리는 재수가 있다 하여 시험이나 송사에 부적같이 몸에 지니는 풍습도 전해진다고 한다.

배냇저고리를 만드는 동안 행복했다. 할미가 만든 이 저고리를 입고 건강하게 잘 자라면 그 보다 할미에게는 더 좋은 선물이 없을 것 같다. 네 겹으로 놓고 마름질을 해서 이음새가 없는 배냇저고리처럼 손주의 앞길도 막힘이 없고 멋진 사람으로 성장하길 기원하면서 배냇저고리의 실끝을 매듭짓는다.

《호서문학》 2013. 여름호

돌띠

건우가 태어난 지 어느 새 일 년이 되었다. 건강하게 자라줘서 참으로 고맙다. 주님의 은총으로 우리 집에 봄 햇살처럼 찾아온 귀한 선물, 손자 건우다.

이제 돌을 맞아 땅에 발을 딛고 혼자서 걸음마를 시작한다. 걷기 위해서 그동안 뒤집기도 하고 온몸으로 방을 기기도 하고 일어나려다 넘어진 것만도 셀 수가 없었지. 혼자서 일어섰을 때는 저도 장한지 손바닥을 부딪치며 고사리 박수를 쳤지. 그런 네 모습을 보고 할미는 너무 대견해서 눈물이 다 났단다. 끝까지 포기하지 않고 꿋꿋하게 스스로 일어난 건우. 장한 건우, 귀여운 건우, 넌 정말 멋진 손자 녀석이다.

네가 오늘 두른 돌띠는 할미가 솜씨를 부려 만들었단다. 바느질이 손에 배이지 않아 예쁘게 되지는 않았지만, 널 위한 정성과 사랑으로 돌띠에 매달린 주머니 속을 가득 채우고 싶었다. 네가 태어난 뒤 달라진 것은 할미가 자주 돋보기 너머로 바늘과 실을 잡는다는 점이다. 무딘 손끝이지만 손자를 생각하며 만드는 작은 소품들은 내가 너에게 주는 선물이기보다 네가 할미에게 주는 기쁨의 선물이다.

돌띠에 붙어 달랑거리는 오방주머니는 우리의 전통 색인 분홍, 빨강, 황색, 청색 그리고 녹색으로 만들었다. 분홍주머니에는 목화씨를 넣어 가문의 번창을 의미하고, 빨강색 주머니에는 팥을 넣어 잡귀와 부정을 방지한다. 황색에는 콩을 넣어 좋은 성품과 인품을 기원하고, 청색에는 찹쌀을 넣어 백년해로와 좋은 인연을 만나라는 염원을 담았다. 끝으로 녹색에는 향나무 가지를 넣고 자손의 길한 장래를 축성하는 의미를 담았다.

할미가 만든 오방주머니에는 할아버지께서 평소에 네게 하고 싶은 말씀을 손수 써 넣어 주머니를 볼록하게 채웠다.

"믿음을 갖고, 건강하게 지혜로운 사람으로서 서로 사랑하고, 성실함으로 인생을 살아가라."는 할아버지의 마음을 담았단다.

이 모든 것을 아울러서 건우는 꼭 멋진 사람이 될 것이라고 할아버지께서 말씀하셨지.

건우야, 손자 건우야.

인연은 하늘이 내고 관계는 사람이 짓는다고 한다. 하느님이 보내주신 소중한 인연을 좋은 관계로 열매를 맺자. 그리고 아름다운 가족의 끈으로 예쁘게 이어 가자.

외할아버지 외할머니, 아빠, 엄마, 작은아빠, 작은엄마, 참석해주신 고마운 친척 분들, 그리고 사랑하는 친구들, 돌을 맞은 건우를 위해 작은 기도를 부탁드립니다. 고맙습니다.

건우야, 오늘 돌을 맞아 즐겁지만 조금 피곤하고 힘도 들지. 힘내어라. 씩씩한 우리 건우. 다시 한 번 너의 첫 생일을 축하하며.

2014년 2월 4일

돌을 맞은 손자 건우에게 할머니가.

온서

새해에 손녀를 보았다. 새벽임에도 출산 소식을 알리는 둘째 아들의 목소리가 힘차다. 진통이 길지 않아 순산했다고 안심을 시키지만 산고의 순간은 어미의 목숨을 담보로 하지 않던가. 얼마나 힘들었을까. 새 생명의 탄생에 머리를 숙이며 부모가 된 아들, 며느리에게 고마움을 전한다.

차창 밖으로 낯선 풍경이 지나간다. 몇 번이나 오르내린 고속도로인데, 아들네가 이렇게 멀리 떨어져 살았나 평소 느끼지 못했던 거리감이다. 손녀를 보러 가는 길이 길게 느껴지는 것은 한시라도 빨리 보고픈 할미의 성급함 때문이라고 달래며 아들을 가졌던 때를 떠올린다.

다행이 입덧은 별로 안 했다. 그래도 즐겨 먹은 것이 있었다. 쫄깃하게 끓인 라면에다 고춧가루를 넣어 만든 일명 매운 라면이다. 약해진 비위로 감당할 수 있는 건 강렬한 맛이었다. 어쩌다 영양 보충으로 이것저것 먹어보지만 입에 맞는 것은 역시 매운 라면이었다. 혹여 아기 얼굴이 뽀글거리지 않을까 철없는 걱정을 하면서도 손에서 쉬 놓지 못했다. 그 아기가 커서 아비가 되었으니 감개무량하다.

갓난아기들이 조르르 줄지어 누워 있는 가운데 유리창 너머로 손녀와 첫 만남이다. 핏덩이를 면한 2.8킬로그램의 작은 생명체가 동그란 침대 속에 누워있다. 마치 할미를 기다리고 있는 것처럼. 저도 세상 나오느라 힘들었는지 눈을 감고 있다. 동그란 얼굴에 눈 코 입이 고만고만하게 자리를 잡고 있다. 금방 나온 아기 같지 않게 얼굴색도 제법 보얗고 안정돼 보인다. 오뚝한 콧날은 이 할미를 닮았나? 콧날이 제법 날렵하다. 제 핏줄이라서 그런지 간호사가 보여주는 아기 중에서 제일 예쁘다. 탯줄 끊은 지 겨우 대여섯 시간 지났는데 어느새 할미의 마음을 빼앗는다. 출산의 어려움으로 부기가 빠지지 않아 부석한 며느리의 얼굴이 그 어느 때보다 사랑스럽고 믿음직하다. 며느리는 그 와중에도 손가락 발가락을 세어봤다고 한다. 아기 엄마의 조심성과 기쁨이 말끝에 묻어난다.

잠깐이지만 신생아실을 둘러본다. 유명 대학 병원임에도 아기가 그리 많지 않다. 내가 자랄 때만 해도 한 집에 대여섯 명의 형제는 흔했고, 아이들의 웃음소리로 골목 안은 늘상 시끌벅적했다. 저녁 밥을 차려놓고 아이들을 부르는 엄마의 목소리가 하루의 마감을 알리는 신호였는데, 요즘은 아기 울음소리가 귀하다.

우리 집도 장손을 본 뒤 몇 년이 지났다. 주님이 주실 때까지 차분하게 기다리자고 마음을 다잡았는데 손녀를 보니 그동안 꽁꽁 눌렀던 마음이 풍선처럼 둥실 떠오른다.

아들과 손자만 있는 내게 찾아 온 손녀는 보물덩어리다. 대복이라는 태명으로 불린 손녀다. 복 많이 받으라는 제 부모의 염원처럼 복 많고 무탈하게 자라기를 바라는 할머니의 마음도 역시 다를 바 없다. 무얼 더 바랄까.

"그래, 건강하게 무럭무럭 잘 자라렴. 그리고 하느님의 종으로 순종하며 네 할 일을 하렴."

귀한 손녀를 위한 선물을 준비하고 싶다. 무엇이 좋을까 즐거운 고민에 빠지다 작명에 생각이 닿는다 그래 이름을 지어주자. 내 손녀에게 맞는 이름, 부르기 쉽고 기억하기 좋고 더불어 저를 표현하는 멋진 이름을 지어주고 싶은 욕심이 생긴다. 밤잠을 줄이고 옥편도 뒤적인다. 많은 상념이 정리되지 않은 채 몇 날 밤이 지났다. 밤새 뒤척거리던 할미의 얼굴에 서린 새벽 빛, 그것은 서광이고 여명의 순간이다. 긴 어둠을 뚫고 먼동이 트면서 밝히는 붉은빛이 상서롭다. 은혜로운 새벽, 은서恩曙. 김은서, 손녀딸의 이름으로 방점을 찍는다. 할아버지도 좋은 이름이라며 동의하신다. 다행히 제 부모도 좋다고 기쁨을 표하고.

살면서 가끔 생각해본다. 사람의 마음은 얼마만 한 크기일까. 환하고 기쁠 때는 보름달보다 더 크지만, 힘들고 어려울 때는 겨울밤의 시린 달보다 더 잘게 부서지면서 약해진다는 것을. 그러나 좋은 일도, 어려운 일도 다 버텨 낼 수 있는 힘은 사랑하는 가족에게서 나온다는 것을 할미는 알고 있단다. 네가 "응아." 하고 태어날 때, 너를 지켜 본 아빠 엄마와 할아버지, 할머니, 큰아버지, 큰엄마, 그리고 건우 오빠까지 사랑의 웃음으로 널 맞이했단다. 너를 응원하는 가족이 든든하게 있는 이 세상은 충분히 살 만한 가치가 있고 아름다운 곳이란다. 우리 가정에 천사처럼 날아 와 보금자리를 튼 은서야, 너는 우리에게 별이 되고 꽃이 되었단다. 힘내라, 김은서. 건강하게 자라 멋지고 이지적인 여성이 되어라.

2017년 1월 3일은 내 손녀 은서가 태어난 날입니다.

흑백사진 두 장

전철을 이용한다. 지하를 오르내리는 번거로움이 약간은 부담스럽지만 막히지 않는 운행이 맘에 든다. 더불어 승객들도 내 또래가 많아 만만하다. 그러나 무엇보다 전철은 타는 곳과 내릴 곳을 미리 알 수가 있어 좋다. 인생살이도 전철의 안내노선처럼 순서를 알고 가면 좀 좋을까.

성당의 봉사단체에서 영정사진을 찍어준다고 한다.

"오늘이 살아 있는 날 중에 가장 젊고 아름다운 날이니 어르신들 사진 찍으십시오."

'어느새 영정사진을….' 하기야 몇 년 전 영정사진을 찍어볼까 시도 한 적이 있다. 더 나이 먹기 전에 찍으면 어떻겠느냐고 운을 뗐다. 남편은 앨범 속에 있는 것이 다 사진인데 굳이 영정사진이 필요하냐고 되묻는다. 선뜻 설명을 못 하고 시간이 지났다. 나 자신도 영정사진이란 단어가 낯설기도 했고.

가끔 징용에 나갔거나 육이오 때 전사한 남편의 사진을 늙은 마누라가 간직하고 있는 장면을 본다. 어미와 아들로 착각할 정도로 사진 속의 남편은 앳되다. 헤어지던 순간의 모습을 백발의 아내는 아직도 내려놓지 못하고 있다. 사진의 위력이다.

처녀 때, 시어머니 되실 분이 선을 보러 오셨다. 이리저리 살펴보시더니 신붓감이 예쁘지는 않지만 콧날이 반듯하다는 말씀을 하시며 흑백사진 한 장을 건네셨다. "남자답게 생겼다."며 친정어머니는 사진 속의 인물을 넌지시 귀띔한다. 쑥스러워 사진을 바로 보지 못했지만 그래도 눈치껏 일별했다. 스포츠형머리를 한 성실한 인상이다. 사진 속의 남자가 나를 보고 웃고 있다는 느낌이 착각은 아니었는지, 인연으로 이어졌다.

이번 기회에 영정사진을 찍자는 설득이 주효했다. 카메라기능이 있는 핸드폰을 다들 갖고 있는지라 사진관이 쉬 눈에 들어오지 않는다. 그렇다고 웨딩업을 주로 하는 곳에서 영정사진을 찍기도 그렇고. 다행이 마트의 코너에서 사진관을 발견했다.

용도의 설명을 들은 사진사는 "좋지요, 젊으셔서 준비하시면 인물도 좋고 잘 나오지요." 적당한 은발이 멋있다고 하면서 손님의 체면을 세워준다. 남편 먼저, 아내 먼저, 서로 양보하다 결국 남편이 자리에 앉았다. 사진사는 남편에게 연신 안면근육을 풀라고 한다. 우리 또래의 사람들은 사진을 찍을 때 잘 웃지를 않는다. 남편 역시 웃는 것이 계면쩍은지 대체로 화난 얼굴이거나 무표정이다. 웃는 표정에 익숙하지 않은 자화상 앞에서 애써 부드러운 표정을 짓지만 어색하다. 어린애 돌 사진이라면 "까꿍"이라도 해서 웃겨보겠는데 명색이 영정사진인데, 그럴 수도 없고. 제발 부드러운 표정이 나와야 할 텐데.

'찰칵, 찰칵, 찰칵….'

기사가 셔터를 부지런히 누른다.

그런데 이게 웬일, 남편이 카메라 앞에서 얼굴 가득히 웃음을 띠고 있지 않은가. 당황한 것은 오히려 나다.

"아니 영정사진을 찍는데 그렇게 웃으면 어떻게 해요."

"영정사진이니까 웃었지. 고맙게 잘 살다가 돌아가는데 기쁘지 않소, 그러니 웃을 수밖에."

살면서 어찌 웃는 날만 있었을까, 그러나 남편은 환한 웃음으로 마무리를 짓는다.

죽음, 영정사진, 이런 단어를 웃으면서 나누다니, 우리가 늙은 건지 철이 없는 건지 알 수가 없지만 분명한 것은 우리가 헤어지는 날 오늘처럼 웃으며 떠나기를 바란다는 점은 동감했다. 웃고 떠나려면 어떻게 해야 할까. 많이 닳아 희미해졌지만 지워지지 않는 지문처럼 무뎌졌다고 하면서도 남아 있는 개성을 인정하고 존중해주는 것이리라. 한 발 물러나 꽃을 바라볼 때 향기가 더 진하듯이 우리에게도 적당한 완충지대의 필요성을 느낀다. 결로 방지를 위한 공간을 남겨 놓듯이, 부부 사이에도 적당한 여백의 미가 필요하지 않을까 싶다.

시어머님이 주신 사진과 내가 보낸 명함판 사진이 사람보다 먼저 만나 우리가 되었다. 살아온 세월이 고맙다. 놓치고 싶지 않은 순간이고 지나온 날들이다.

처음 느낌, 그대로

기억나세요. 우리가 처음 만났던 그 겨울의 찻집을. 밖은 몹시 추웠지만 터미널 부근의 은하수 다방 안은 조개탄 난로 덕에 후끈했지요. 멀리 대전에서 온 신랑감에게 밀리지 않으려고 안간힘을 쓴 탓인지 굳은 몸이 좀체 녹지 않아 애를 먹은 것이 어제 일처럼 떠오릅니다. 야전점퍼를 입고 나타난 군인아저씨를, 시골초등학교 여선생은 흘끔거리면서 탐색작전에 들어갔지요. 그러나 탐색도 잠깐, 콩깍지가 씌는 데는 그리 많은 시간이 걸리지 않았답니다.

전주 중앙성당에서 혼배성사를 올린 지, 어느새 사십 년이라는 세월이 당신과 저 사이에 흘러갔네요. 오늘, 우리는 영감 할멈이 되어 대전 용전동 성당에서 혼인서약 갱신을 위해 다시 주님 앞에 섰습니다.

열정과 의욕으로 가득 찼던 젊은 시절은 가고, 반백의 머리칼과 후줄근해진 양복 사이로 당신의 굽은 등이 제 눈길을 붙잡네요. 삶의 흔적인 굵은 주름살이 먼저 이마를 차지했네요. 저 또한 당신과 별반 다르지 않는 하얀 머리칼의 할머니가 되었지요.

부모님에게는 아들이요, 남편으로, 아빠로, 직장인으로 살아온 당신의 삶이 어찌 힘들지 않았겠어요. 긴 밤을 생각에 잠기는 당신을 지켜보면서 위로와 힘이 되어드리지 못해서 미안할 뿐입니다. 모든 일에 최선을 다하려는 당신을 존경하면서도, 때론 감정에 치우쳐 곧잘 반기를 들어 당신을 당황하게 만든 저의 부족함을 잘 압니다.

인생살이를 항해에 비유하지요. 대개의 부부가 비슷하겠지만 우리 역시 작은 배를 당신이 앞에서 키를 잡고, 뒤에서 제가 배 안으로 들어온 물을 퍼내며 건너온 바다길이었지요. 항해를 마친 배가 부두에 도착하면 사람들의 마음이 바쁘다고 하지요. 그러나 서두르지 않고 내릴 수 있는 여유를 갖고 싶습니다. 건너 온 바닷길에 아쉬움이 없을 순 없지만 지나 온 뱃길은 추억이란 이름으로 묻으렵니다.

때론 풍랑을 만나 깊고 세찬 물살에 허우적거리며 울었던 아픔도 이젠 다 잊으렵니다. 그리고 잔잔했던 석양의 바다를 떠올립니다. 그 바다는 조용했고 황금빛으로 아름답게 빛났지요. 일지日誌에 "날씨 맑음, 항해는 순조롭다."고 썼던 날이 우리 삶에 더 많았기에 행복했습니다.

편지를 쓰다 보니 당신과 함께 한 날들이 정말 한순간인 것 같은 생각이 드네요. 힘들고 어려운 일은 있었지만 나쁜 일은 없었습니다. 즐겁고 고마운 일들이 더 많았습니다. 이처럼 고맙고 감사함으로 기억되어지는 것은 다 낭신의 큰 사랑 덕분이라 생각됩니다. 과거에 얽매이지 않고 미래를 두려워하지 않을래요. 오늘을 사랑하며 지금까지 살아온 것처럼 앞으로도 그렇게 살아갈 것을 약속드립니다.

처음 만날 때처럼, 이제 둘만 남았네요. 두 손 꼭 잡고 건너 온 세월이었습니다. 정말 이 손 놓지 말고 남은 날들 함께 가길 기도드립니다. 우리가 열심히 살았듯이 아들, 며느리들도 그렇게 살겠지요. 인생은 그래서 아름답고 살 만한 가치가 있는 것 같습니다.

당신이 가끔 짓궂게 묻지요.

"당신, 나 사랑하냐구?"

이젠 제가 답을 할게요.

"사랑이란…, 사랑하는 사람 앞에서는 가슴이 두근거리고, 추운 겨울도 따뜻한 봄날 같답니다. 눈빛을 보면 얼굴이 붉어지고, 할 말을 다 할 수 없지만, 보고 싶고 무엇이든지 다 주고 싶지요. 딴사람에게 잘 해주면 샘이 나서 화가 나기도 하고, 그러나 사랑하는 사람의 눈물을 보면 어느새 내 눈가에도 눈물이 고인답니다. 이런 사랑을 당신께 드립니다. 당신의 안사람으로 살아온 제 삶은 주님의 축복이자 은총이었습니다."

2012. 12. 28.

박숙자 수필집

지느러미의 여유

인쇄 2017년 11월 27일
발행 2017년 12월 2일

지은이 박숙자
발행인 서정환
펴낸곳 수필과비평사
주소 서울시 종로구 삼일대로 32길 36(익선동 30-6 운현신화타워 빌딩) 305호
전화 (02) 3675-3885, (063) 275-4000 · 0484
팩스 (063) 274-3131
이메일 sina321@hanmail.net essay321@hanmail.net
출판등록 제300-2013-133호
인쇄 · 제본 신아출판사

ISBN 979-11-5933-134-3 03810
값 13,000원

이 도서의 국립중앙도서관 출판예정도서목록(CIP)은 서지정보유통지원시스템 홈페이지(http://seoji.nl.go.kr)와 국가자료공동목록시스템(http://www.nl.go.kr/kolisnet)에서 이용하실 수 있습니다. (CIP제어번호: CIP2017031851)

Printed in KOREA